# 世界最高の人生哲学
# 老子

守屋 洋
moriya hiroshi

SB Creative

# まえがき
## 人生を生きるヒントが、これほどつまった書はない

なぜいま、『老子』なのか。

『老子』という古典は、全部で五千字あまり、八十一の短い文章から成っている。だれが書いたのかはわからない。

いまから二千数百年まえ、百年ほどの時間をかけながら、思想を同じくする複数の人々の手が加わってできあがったものであろうといわれている。

その内容は、したたかな処世の知恵を説いているのだが、たんにそれだけではなく、哲学、政治、兵法、策略など、論及している問題は多岐にわたっている。

特徴的なことは、万物の根源に「道」なる存在を認め、そこから論を展開していることである。

『老子』によると、「道」とは万物を成り立たせている根源の存在であるが、それほど大きい働きをしておりながら、自分はというと、いつもしんと静まりかえっている。目で見ることもできないし、耳で聞くこともできない。「無」としか言いようのないものだが、たしかに存在しているのだという。

そしてこの「道」は、自分の働きや功績を誇示しない謙虚さ、どんな事態にも自在に対応できる柔軟性、さらには無為、無心、無欲、質朴、控え目など、素晴らしい徳をいくつも体現している。

私ども人間も、「道」の持っているこのような徳を身につけることができれば、この厳しい現実を、たくましく、しなやかに生き抜いていくことができるのだと主張する。その語り口もいたって寡黙《かもく》であり、あの大陸の大地から洩《も》れてくるうめき声のような趣《おもむき》がないでもない。

翻《ひるがえ》って、現代の日本はどうか。

混迷する世界情勢のなかで、政治も経済も揺れ動いている。この先どうなるのか、不安をぬぐいきれない。

しかし、それよりも憂慮されるのは、恵まれすぎた不幸とでも言うのか、私どもの体質が心身ともにずいぶん脆《もろ》くなっていることである。現に、いささかの困難にぶつかっただけで、すぐに音《ね》を上げる、そんな現象がそちこちで目立っているではないか。これでは、この厳しい現実を生き残っていくことはできない。

そこで『老子』である。

この古典には、しぶとい雑草の精神、したたかな生き方が示されている。現代の私どもも、そんな生き方を『老子』に学ぶ必要があるのではないか、いや、ぜひ学んでみたい、そういう願いを込めて本書をまとめてみたのである。

もともとの『老子』は八十一の章句から成っているが、本書では、そのなかからさわりの部分の四十項目をとりあげ、私なりの解説をつけて紹介してみた。六章に分けているが、この分け方はあくまでも便宜的なものであって、それほど深い意味があるわけではない。

なお、テキストには『帛書・老子』を使ったので、通行本とは字句に若干の異同があることをお断りしておく。本書が多くの人に読まれ、実践的な人生の知恵として活用されることを願っている。

二〇一六年五月

守屋　洋

# もくじ

第一章

# 根本思想「道」とはなにか？

第二章

# 足るを知り、あるがままに生きる

# 第三章 俗を超えて、たくましく生きる

第四章

# 人に振り回されず、成功をめざす

# 第五章　こだわらずおおらかに生きる

第六章

# 人の上に立つリーダーのありかた

第一章

# 根本思想「道」とはなにか?

# 一、万物の根源には「道」がある

道《みち》の道《みち》とすべきは、恒《つね》の道《みち》に非《あら》ず。名《な》の名《な》とすべきは、恒《つね》の名《な》に非《あら》ず。無名《むめい》は万物《ばんぶつ》の始《はじ》めなり。有名《ゆうめい》は万物《ばんぶつ》の母《はは》なり。故《ゆえ》に恒《つね》に無欲《むよく》にして以《も》ってその妙《みょう》を観《み》、恒《つね》に有欲《ゆうよく》にして以《も》ってその噭《きょう》なる所《ところ》を観《み》る。両者《りょうしゃ》は同《おな》じく出《い》で、名《な》を異《こと》にし謂《いい》を同《おな》じうす。玄《げん》の又玄《またげん》は、衆妙《しゅうみょう》の門《もん》なり。

▼道可道也、非恒道也。名可名也、非恒名也。無名万物之始也。有名万物之母也。故恒無欲也、以観其妙、恒有欲也、以観其所噭。両者同出、異名同謂。玄之又玄、衆妙之門。
（第一章）

これが「道《みち》」だと説明できるような道は、ほんものの道ではない。これが名だと呼べるような名は、ほんものの名ではない。「道」にはもともと名はないが、これこそ万物の根源であり、そこから天地が生じ、万物が生まれた。万物の実体を見極めるには、常に無欲でなければならない。欲望にとらわれていると、現象しか見ることができない。ただし、実体も現象もともに「道」という根源から生じており、名を異にしているにすぎない。「道」はあくまでも霊妙《れいみょう》な存在であり、そこから森羅万象《しんらばんしょう》が発するのである。

＊噭　もとの意味は大声で叫ぶこと。そこから外に現われているものを指す。

### ◉「老子」が伝えたい一つの真実

『老子』の思想の根底にあるのは、「道」なる存在である。その主張は、すべて「道」を拠り所にしている。だから、これを押さえてかからないことには、その言わんとするところを理解することはできない。

その「道」であるが、「みち」と読んでもいいし、「どう」と読んでもいい。中国語では「ダオ（DAO）」、英語圏では「タオ（TAO）」と読ませているが、そう呼んでもいっこうに構わない。

では、「道」とはどういうことなのか。

「道」という字のもともとの意味は、人の歩く路を指しているのだが、そこからいろいろの意味が派生してきた。

たとえば、行程とか方法、あるいは法則とか道理といった意味である。さらには、人の踏み行なうべき道徳規範といった意味でも使われてきた。

だが、『老子』の言わんとしている「道」というのは、それらのいずれの意味でもない。

ここに紹介したのは、『老子』八十一章のなかの冒頭の一文であるが、このなかで、「これが『道』だと説明できるような道は、ほんものの道ではない」と語っている。私の言う「道」とは、そんじょそこらの安っぽい道とは違うのだ、と言うのである。

では、『老子』の言う「道」とは、どんな道なのか。

しいて言えば、
一、万物の根源に存在している普遍的な実体

一、万物の存在を支配している根本的な原理

この二つの側面を含んでいる。

しかし、これだけではあまりにも抽象的で、もう一つピンとこないかもしれない。じつは『老子』も、この「道」について、さまざまな角度から語っているので、念のため、そのことばに耳を傾けてみよう。

――天地の始めより前に、ある混沌としたものが存在した。それは音もなく、形もなく、他の何ものにも依存しない存在である。これこそ天地の母に他ならない。その名前さえ知らないので、仮に「道」と呼んでおこう。しいて名づければ、「大いなるもの」と言ってよいかもしれない。（第二十五章）

――「道」とは、かすかでおぼろな存在にすぎない。かすかでおぼろななかに、なにやら形があり、実体がある。奥深いそのなかに霊妙なエネルギーが秘められている。そのエネルギーはたしかに実在し、疑いようがない。（第二十一章）

——「道」はありもしない幻ではなく、絶えることなく続いている。ただし、「無」としか言いようのないものである。形のない形、姿のない姿とも言えるし、おぼろな状態と言ってもよい。前から見ても後ろから見ても、その姿をとらえることができないのである。（第十四章）

——「道」は天地のあいだをただよいながら、あらゆる所に行きわたっている。大きな仕事を成し遂げても功績を誇らないし、万物が帰服しても主人顔をしない。このように、常に無欲であるから、小さいとも言える。しかし、万物が帰服しても主人顔をしないから、大きいとも言える。（第三十四章）

## ●とらえどころがないが見えてくるもの

きりがないので、引用はこれだけにとどめておくが、こういう説明を聞いても、おぼろおぼろとして、とらえどころがないように思われる。

「そんなもの、あるわけがないよ」と言う方もいるかもしれないが、『老子』によると、たしかにあるのだという。よく「欲がからんでくると、見えるものまで見えなくなる」

といわれるが、とくに「道」というのは、そういうものなのであろうか。歌の文句に「耳をすましてごらんなさい」とあるが、そうすれば、おぼろおぼろとした「道」の実体も、少しは見えてくるのかもしれない。

いずれにしても、「そんなもの、あるはずがないよ」と否定されたのでは話が前へ進まないので、「道」なるものがあると仮定して話を進めることにしよう。

いったい、「道」とはどんな働きをしているのか。

人間とどうかかわっているのか。

そしてまた、「道」のあり方から何を学べというのか。

『老子』の説くところに耳を傾けてみたい。

## 二、無《む》為《い》自《し》然《ぜん》―背伸びすれば足元がおぼつかない―

跂《つまだ》つ者《もの》は立《た》たず。自《みずか》ら是《ぜ》とする者《もの》は章《あらわ》れず。自《みずか》ら見《あらわ》す者《もの》は明《あきら》かならず。自《みずか》ら伐《ほこ》る者《もの》は功《こう》なし。自《みずか》ら矜《ほこ》る者《もの》は長《なが》からず。その道《みち》に在《あ》るや、余食贅行《よしぜいこう》と曰《い》う。物《もの》これを悪《にく》む或《あ》り。故《ゆえ》に有道《ゆうどう》の者《もの》は居《お》らず。

▼跂者不立。自是者不章。自見者不明。自伐者無功。自矜者不長。其在道也、曰余食贅行。物或悪之。故有道者弗居。（第二十四章）

背伸びして爪先で立とうとすれば、かえって足もとが定まらない。自分を是とすれば、かえって無視される。自分を誇示すれば、かえって排斥される。自分の功績を誇れば、かえって非難にさらされる。自分の才能を鼻にかければ、かえって足を引っ張られる。

こんな生き方は、道から見れば、すべて余計なことだ。一般の人さえ見向きもしないのだから、まして道を体得した人物とは関係がない。

＊余食贅行　余りものの意。
＊物　人のこと。

## ◉へたな策略は百害あって一利なし

『老子』の思想を説明するのによく使われるのが「無為自然《むいしぜん》」ということばである。

「無為」とは、たんに何もしないでじっとしていることではなく、ことさらな作為や賢《さか》しら、小細工を弄《ろう》しないという意味である。また、「自然」とは自然界の自然という意味ではなく、「あるがままに」といった意味に近いかもしれない。

これはもともと「道」のあり方について語ったことばであるが、それはとりもなおさず「道」を体得した人物の生き方でもあるのだという。

「無為自然」をよしとする『老子』は、当然のことながら、作為や賢しらを嫌う。この前の章でもこう語っている。

「疾風といえども半日も吹き荒れることはないし、豪雨といえども一日中降り続くことはない。誰がそれを司《つかさど》っているのか。天地である。その天地でさえ、不自然を長持ちさせることはできないのだ。まして人間の賢しらなど長続きするわけがないではないか」

作為は長続きしない、無理はよそうよ、というのである。

この章で言わんとしていることも、その延長線上にある。へたな自己主張やおれがおれがとしゃしゃり出ていくような生き方は、百害あって一利なしなのだという。それは他でもない、「無為自然」である「道」のあり方に反しているからなのだという。

実は中国というのは、日本と違って、自己主張の社会である。とくに自分が不利益をこうむっているとなると、猛然とまくしたててくる。運悪くそんな場面にぶつかると、なれていない者は辟易することが多い。こういう自己主張の激しさは、今に始まったことではなく、昔からそうだった。

『老子』という本がまとめられたのは今から二千数百年前、戦国時代のこととされるが、当時「諸子百家《しょしひゃっか》」と呼ばれるさまざまな思想流派が輩出して、激しい論戦を展開した。論戦の主要なテーマは政治である。国を強くするにはどうすればよいのか。厳しい時代を生き残るには何が必要になるのか。天下を統一するにはどんな方策が有効なのか。各派は自分たちの優位性を主張し、相手を論難してやまなかった。

この現象を「百家争鳴《そうめい》」と言う。争い鳴くという表現が言い得て妙ではないか。こういう激しい自己主張が中華の伝統であった。

『老子』の「無為自然」の主張は、そういう背景のなかから生まれてきたものであることを忘れてはならない。

『老子』の作者に擬せられているのが、老聃《ろうたん》という人物である。若き日の孔子が評判を聞いてはるばる教えを受けにいったところ、老聃はこんなことばを贈ったという。

「聡明で洞察力に富んでいながら、死の危険にさらされる人がいるが、それは他人を批判しすぎるからである。雄弁かつ博識でありながら、その身を危うくする人がいるが、それは他人の悪をあばくからである。

そなたも自己主張はくれぐれも控えるがよいぞ」

この老聃なる人物、はたして実在したのかどうか定かではないとされるが、話そのものはいかにもありそうな話ではないか。

たぶん若き日の孔子も、おれがおれがと、やる気を顔に出していたのであろう。それが人生体験を積んだ人物から見たら、危なっかしく思われたに違いない。

## ◉メッキは必ず剝げる

私どもの社会は、中国とは違って、自己主張にはいたって慎重である。へたに自己主張でもしようものなら、うるさい奴だとして、嫌われたり、敬遠されたりする。だから、仮に言いたいことがあっても、半分くらいは自分の腹のなかに収めて、まわりとの折り合いに気をつかって生きてきた。そういう意味では、はじめから『老子』的な社会だと言えないこともない。

ところが近年この社会でも、アメリカの影響であろうか、若い世代のあいだに自己顕示のパフォーマンスなるものが目立つようになってきた。それなりの効用のあることは認めるとしても、あまり露骨にやられると、つい「実力をつけるのが先決だろうに」と、嫌味の一つも言いたくなるのである。

無理は長続きしない。メッキはいつか剝がれるのである。それを承知のうえでやりたいと言うなら、なるべくさりげなくやってほしいものである。それがせめても『老子』流の生き方に近づく道になるかもしれない。

## 三、上善《じょうぜん》は水《みず》の如《ごと》し―逆らわない生き方―

上善《じょうぜん》は水《みず》の如《ごと》し。水《みず》は善《よ》く万物《ばんぶつ》を利《り》して争《あらそ》わず、衆人《しゅうじん》の悪《にく》む所《ところ》に居《お》る。故《ゆえ》に道《みち》に幾《ちか》し。居《お》るは善《よ》く地《ち》、心《こころ》は善《よ》く淵《えん》、予《あた》うるは善《よ》く仁《じん》、言《げん》は善《よ》く信《しん》、政《せい》は善《よ》く治《ち》、事《こと》は善《よ》く能《のう》、動《うご》くは善《よ》く時《とき》。それ唯《ただ》争《あらそ》わず、故《ゆえ》に尤《とが》なし。

▼上善如水。水善利万物而不争、居衆人之所悪。故幾于道矣。居善地、心善淵、予善仁、言善信、政善治、事善能、動善時。夫唯不争、故無尤。（第八章）

**最も理想の生き方は、水のようなものである。水は万物に恩恵を与えながら相手に逆らわず、人の嫌がる低い所へと流れていく。だから、道のありように近いのである。**

低い所に身を置き、淵のように深い心を持っている。与えるときは分け隔《へだ》てがなく、言うことにいつわりがない。国を治めては破綻を生ぜず、物ごとには適切に対処し、タイミングよく行動に移る。これこそ水のあり方に他ならない。水と同じように、逆らわない生き方をしてこそ、失敗を免れることができるのだ。

### ◉「固定観念」は捨てなさい

「上善如水《じょうぜんじょすい》」――「上善は水の如し」ということばも、近年、酒の銘柄になったこともあって、広く知られるようになった。最も理想の生き方は水のようなものだというのである。

このことばからも知られるように、「道」のあり方に最も近いのが、水なのだという。ただし、水と言っても、盥《たらい》に入れた水道の水のようなものを連想されたのでは、具合が悪いかもしれない。『老子』のイメージにあったのは、たぶん河の流れであろう。では、水のどういうところが「道」のあり方に近いのか。しいて整理してみると、次の二つである。

第一は、柔軟性である。

水というのは、丸い器に入れると丸い形になり、四角な器に入れると四角な形になる。相手に逆らわず、相手の出方に応じていかようにもこちらの体勢を変えていく、そういう柔軟性を持っている。

第二は、謙虚さである。

水がないと地球上の生物は生存できない。そういう大きい働きをしておりながら、自分はと言うと、低い所、低い所へと流れていく。低い所というのは誰でも嫌がる所だが、水はあえて人の嫌がる低い所に身を置こうとする謙虚さを持っている。

柔軟性と謙虚さ、この二つが「道」のあり方に近いのだという。そのあたりを学べ、と『老子』は言うのである。

まず柔軟性であるが、こういう変化の激しい時代にあっては、とくに必要な資質であることは言うまでもない。

思考にしても、既成概念とか固定観念にしばられていたのでは、時代の動きにとり残されていくばかりである。あるいは、今までの行きがかりとか面子《メンツ》にとらわれていたのでは、機敏な対応ができなくなる。頭は常に柔軟にしておかなければならない。

組織にしても然りである。人事が停滞して動脈硬化に陥ったような組織では、変化の時代を生き残ることはできない。生き残るためには、変化に対応できるような柔構造の組織にしておく必要がある。

これで思い出されるのが、旧日本海軍の失敗である。かつてアメリカと戦ったとき、緒戦の真珠湾で快勝したものの、ミッドウェーで大敗を喫し、以後、退勢を挽回できないまま壊滅した。なぜそんな惨敗を喫したのか。原因の一つは、硬直した人事にあったと言われる。

緒戦に敗れたアメリカは、いち早く無能な司令官を辞めさせ、若手を起用して態勢の立て直しをはかった。これに対し日本海軍は、最後まで年功序列型の平時の人事にこだわり続け、その結果、若手の有能な指揮官を無駄死にさせてしまった。

現代の企業も、生き残りをはかろうとするなら、同じ失敗を繰り返してはならない。

## ●謙虚さこそが信頼の源である

さて、二番目の謙虚さであるが、これまたいくら強調しても強調しすぎることはないであろう。とくに能力や功績のある人、地位の高い人ほどこれが望まれるのである。

なぜかと言えば、逆のことを考えてみればよい。謙虚の反対が傲慢である。

これは、どこの組織、どこの社会であろうと、必ずまわりの反発を買う。その人が落ち目になったとたん、そういう反発が表に吹き出してきて、寄ってたかって足を引っ張られることになりかねない。

企業社会を見ていると、どこの企業にも、四十歳くらいで自他ともにやり手だと認められている人物がいる。まわりからも期待され、本人もその気になっているのだが、多くは途中で挫折して、大成していく人は意外に少ないように思われる。それは他でもない、謙虚さに欠けているからではないのか。

謙虚であってこそ、はじめてまわりの信頼も得られるのである。

ただし、柔軟であれ、謙虚であれと言っても、これだけを一面的に強調すると、かえってマイナスの面が出てくることにも留意する必要がある。

たとえば柔軟が過ぎると、ただのお調子者になってしまうし、謙虚が過ぎると、やたら「へいこら、へいこら」お辞儀ばかりして卑屈になってしまう。これではとうていまわりの信頼など得られない。そうならないためには、まずしっかりと自分を確立しておくことが望まれるのである。『老子』も、そのことを当然の前提として、柔軟であれ、謙虚であれと語っていることを忘れてはならない。

## 四、柔よく剛を制す―柔弱《じゅうじゃく》は剛強《ごうきょう》に勝つ―

天下《てんか》に水《みず》より柔弱《じゅうじゃく》なるはなし。而《しか》して堅強《けんきょう》を攻《せ》むるはこれに能《よ》く先《さき》んずるなし。その以《も》ってこれを易《か》うることなきを以《も》ってなり。柔《じゅう》の剛《ごう》に勝《か》ち、弱《じゃく》の強《きょう》に勝《か》つは、天下《てんか》知《し》らざるなきも、これを能《よ》く行《おこ》なうものなし。故《ゆえ》に聖人《せいじん》の言《げん》に曰《いわ》く、邦《くに》の垢《はじ》を受《う》くる、これを社稷《しゃしょく》の主《しゅ》と謂《い》い、邦《くに》の不祥《ふしょう》を受《う》くる、これを天下《てんか》の王《おう》と謂《い》うと。正言《せいげん》は反《はん》するが若《ごと》し。

▼天下莫柔弱于水。而攻堅強者莫之能先。以其無以易之也。柔之勝剛也、弱之勝強也、天下莫弗知也、而莫之能行之。故聖人之言曰、受邦之垢、是謂社稷主、受邦之不祥、

是謂天下之王。正言若反。（第七十八章）

**この世の中で、水ほど弱いものはない。そのくせ、強いものにうち勝つこと水に優《まさ》るものはない。それは他でもない、弱さに徹しているからである。柔は剛に勝ち、弱は強に勝つ。この道理を知らない者はいないが、よく実行している者はいない。聖人も、「国中の汚辱《おじょく》を一身に引き受けるのが一国の宗主《そうしゅ》、国中の不幸を一身に引き受けるのが天下の王だ」と語っているではないか。真理は逆説のように聞こえるものだ。**

＊社稷　社は土地の神、稷は穀物の神。二つあわせて国家を指す。

### ◉戦い方も水に学べ

先に「上善如水」——水のあり方に学べとあったが、この章でも水が引き合いに出されている。ただし、先には水の持っている柔軟性と謙虚さが強調されていたが、ここで強調されているのは柔弱性である。

水は柔弱であるが故に、かえって堅強なものに打ち勝つのだという。

これですぐに思い出されるのが、柔道の極意とされてきた「柔よく剛を制し、弱よく強を制す」ということばである。こちらは兵法書の『三略《さんりゃく》』にあることばだが、『老子』と同じ発想だと言ってよい。

ちなみに『三略』は続けてこう語っている。

「すぐれた人物は、柔の道をしっかりと守って、あらゆる事態に適切に対処するのだ。柔の道というのは、伸ばせば天下に行きわたるし、縮めれば懐《ふところ》のなかに収まってしまう。だから、しまっておくのに倉もいらないし、守るのに城も必要としない。自分の胸のなかにしまっておくだけで、敵を降服させることができるのである」

柔の効用は、伸縮自在、相手の変化に応じていかようにも対応できることにあるのだという。

水の柔弱性に注目したのは『老子』だけではない。あの『孫子』も、「兵の形は水に象《かたど》る」――戦いのしかたは水のあり方に学べと言って、こう語っている。

「水は高い所を避けて低い所に流れていくが、戦いも、充実した敵を避けて相手の手薄をついていくべきだ。水に一定の形がないように、戦いにも、不変の態勢はありえない。敵の態勢に応じて変化しながら勝利を勝ちとってこそ、絶妙な用兵と言える」

また、『尉繚子《うつりようし》』という兵法書も、こう強調している。
「精強な軍隊は、水にたとえることができる。水はきわめて柔弱であるが、行く手をさえぎるものは、たとえ丘陵でも、うち崩してしまう。それは他でもない、水の性質に不変性と集中性が秘められているからである」

このように兵法書の多くは、戦いの理想を水のあり方に求めているのだが、水の柔弱性に注目するのは、なにも兵法書だけには限らない。それについては、たとえばこんな話がある。

春秋時代のこと、鄭《てい》の国に子産《しさん》という名宰相が現われて政治の立て直しにあたったが、そのかれが死期を迎えたとき、後継者を呼んでこう語っている。
「政治には、二つの方法があると思う。一つはゆるやかな政治、一つは厳しい政治だ。ゆるやかな政治で国民を服従させるのは、よほどの有徳者でないとむずかしい。一般には厳しい政治をしたほうがうまくいく。

この二つは、たとえてみれば火と水のようなものだ。火は見るからに恐ろしいから、人々は怖がって近づこうとしない。だから、かえって火によって死ぬ者は少ない。ところが水の性質はいたって弱々しいので、人々は水を恐れない。そのためにかえって水によって死ぬ者が出る。ゆるやかな政治は水のようなもの、一見やさしそうだが、実は非常にむずかしい」

子産も、柔弱さのなかにものすごい力が秘められていることを認めているのである。ただし、柔弱さというのは使い方がむずかしい、なめてかかると、手痛いしっぺ返しを受けるということであろう。

使い方がむずかしいというあたりも、『老子』の認識と軌《き》を一にしていると言ってよい。

## ◉「柳に腰折れなし」のしぶとさ

ところで「水徳五訓」とか「水五則」と呼ばれる書き物がある。水の徳を五項目にまとめているのだが、文章から見て明らかに日本製であろう。念のため、さる寺の住職から書いてもらったものを紹介しておく。

一、淡々無味なれども、真味なるものは水なり

一、境に従って自在に流れ、清濁合わせて心悠々たるものは水なり
一、常に低きにつき、地下に在りて万物を生成化育するものは水なり
一、無事には無用に処して悔いず有事には百益を尽くして功に居らざるものは水なり
一、大川となり大海となり、雲雨氷雪となり、形は万変すれどもその性を失わざるものは水なり

『老子』の言わんとすることをわかりやすくまとめれば、以上のようになるかもしれない。諺《ことわざ》にも「柳に腰折れなし」とある。柔弱には不利な面だけあるわけではないのである。しぶとい抵抗力を発揮して、逆転のチャンスをつかみたい。

## 五、相対的な価値観を捨てよ

天《てん》下《か》皆《みな》美《び》の美《び》たるを知《し》るは、悪《あく》のみ。皆善《みなぜん》を知《し》るは、これ不善《ふぜん》なり。有無《うむ》の相生《あいしょう》じ、難易《なんい》の相成《あいな》り、長短《ちょうたん》の相形《あいあらわ》し、高下《こうげ》の相盈《あいみ》ち、音声《おんせい》の相和《あいわ》し、先後《せんご》の相随《あいしたが》うは、恒《つね》なり。是《ここ》を以《も》って聖人《せいじん》は、無為《むい》の事《こと》に居《お》り、不《ふ》言《げん》の教《おし》えを行《おこ》なう。万物《ばんぶつ》作《おこ》りて始《はじ》めとせず、為《な》して恃《たの》まず、功《こう》を成《な》して居《お》らず。それ唯《ただ》居《お》らず、是《ここ》を以《も》って去《さ》らず。

▼天下皆知美之為美、悪已。皆知善、斯不善矣。有無之相生也、難易之相成也、長短之相形也、高下之相盈也、音声之相和也、先後之相随、恒也。是以聖人居無為之事、行

不言之教。万物作而弗始也、為而弗恃也、成功而弗居也。夫唯弗居、是以弗去。（第二章）

人々が美と見なしているのは、じつは醜にすぎない。善だと認めているのは、じつは悪にすぎない。

また、有があるから無があり、難があるから易があり、長があるから短があり、高があるから低があり、音があるから声があり、前があるから後があるのであって、これらはいずれも相対的な区別にすぎない。これは不変の真理である。

だから、道を体得した人物は、すべてをあるがままに受け入れて、知ったかぶりをしない。万物を自然の成長にまかせて、みずから手を加えない。手を貸しても見返りを期待しない。功績を立てても鼻にかけない。だから、いつまでもその地位を失わないのである。

## ◉自分の考えにとらわれるな

『老子』によれば、「道」は何ものにも依存しない存在であって、しいて名づければ「大いなるもの」だという。

そういう「道」の立場に立って、人間の営みを眺めたら、どう映るだろうか。想像力を働かせる以外にないのだが、たぶん、すべてのことが小さいと思われるに違いない。

たとえば、宇宙船に乗り込んで、遥かかなたからこの地球を眺めたとする。眼に映ずるのは、球形の小さな物体にすぎない。そのなかに、大小二百もの国があり、互いに自分の利益を主張して、白だ黒だと言いつのり、勝った負けたと争っている。「ああ、なんと小さなことよ」、誰しもそんな思いがするに違いない。

「道」の立場に立った場合でも、まったく同じことが言えるのではないか。『老子』によれば、美と醜、長と短、高と低、前と後、これらの違いはすべて相対的なもの、つまり現われとして違っているだけで、本質には違いがないのだという。

たしかに、今は美であっても、いつそれが醜に転化するかわからないし、今が高であっても、いつそれが低に変化するかわからないのである。だから、これらの違いは絶対的なものではありえない。

ところが、何ごとでも本質の部分というのは見えにくい。とかく目がいくのは、外に現われている現象面である。

目がいけば、それにとらわれ、とらわれると、判断を誤ることになる。先人たちもそんな過ちを犯してきたし、私どもも同じような失敗を繰り返している。

『老子』の思想を受け継いだ『荘子《そうじ》』という古典に、有名な「朝三暮四」の話が出てくる。

あるとき、猿まわしの親方が、猿にどんぐりを与えながら、こう語った。

「これからは、朝に三つ、夕方には四つやることにするぞ」

猿どもはいっせいにいきりたった。それを見て親方が、

「すまん、すまん。それでは朝は四つ、夕方には三つにしてやる」

猿どもはたちまち機嫌を直したという。

『荘子』はこんな話を引いたあとで、

「実質上はなんの違いもないのに、一方については喜び、一方については怒るのは、なぜだろうか。それは他でもない、自分の是とするところに縛られているからである」

と、コメントしている。私どもも、こんな過ちを犯しているではないか。猿どもの愚かさを笑ってばかりはいられないのである。

『老子』がここで言わんとしているのも、そのことに他ならない。

## ◉「順調」や「逆境」に一喜一憂しない

ところで『老子』には、しばしば「聖人」ということばが出てくる。ふつう「聖人」とは、知徳ともにすぐれた理想の人間像を指しているのだが、『老子』の場合は、これとはニュアンスを異にしていて、おおむね「道」を体得した人物といった意味で使われている。ここに出てくる「聖人」も、そういった意味であることは言うまでもない。

さて、その聖人であるが、「道」を体得しているので、眼前に生起している相対的な違いにとらわれないのである。

だから、すべてをあるがままに受け入れて知ったかぶりをしないし、万物を自然の成長にまかせてみずから手を加えることもしないのだという。

聖人の生き方については、これから何度もとりあげていくことになるが、ここでとりあえず注目しておきたいのは、相対的な違いにとらわれないということである。それは他でもない、「道」という絶対の立場を自分のものにしているからであろう。

『菜根譚《さいこんたん》』に「順逆一視」ということばがある。順境も逆境も同じことだと見なし、どちらに振れても一喜一憂しないという意味である。

私もかねてからそうありたいと願ってきたのだが、『老子』に言わせれば、それは「道」を体得してこそ可能になるのだという。

小さなことにはとらわれず、悠々とマイペースで生きる、こんな生き方ができるなら、それこそ最高であろう。そのためには、あえて「道」とは言わないまでも、なにかある「大いなるもの」の存在を自覚することが望まれる。これができれば、理想の生き方に近づくことができるかもしれない。

## 六、和《わ》光同塵《こうどうじん》——知識をひけらかしてはいけない——

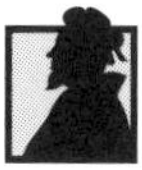

道《みち》は冲《ちゅう》なれども、これを用《もち》うれば盈《み》たざるあり。淵《えん》として万物《ばんぶつ》の宗《そう》に似《に》たり。その鋭《えい》を挫《くじ》き、その紛《ふん》を解《と》き、その光《ひかり》を和《やわ》らげ、その塵《ちり》に同《おな》じうす。湛《たん》として存《そん》する或《あ》るに似《に》たり。吾《われ》、その誰《たれ》の子《こ》なるかを知《し》らず、帝《てい》の先《せん》に象《に》たり。

▼道冲而用之有弗盈也。淵呵、似万物之宗。挫其鋭、解其紛、和其光、同其塵。湛呵、似或存。吾不知其誰之子也、象帝之先。（第四章）

道は、形のない空虚な存在であるが、その働きは無限である。計り知れない深さのなかに、万物を生み出す力を秘めているかのようだ。とげとげしさを消し去って対立を解消し、才知を包み込んで世俗と同調している。道は、しんと静まりかえっているが、たしかに存在している。しかし、それがどこから生まれてきたのかはわからない。あるいは天帝の先祖なのであろうか。

## ◉伝家の宝刀は鞘《さや》に収めておけ

この第四章も、「道」の持っている魅力について語っているのである。

一言で言えば、深い包容力ということであろうか。「道」というのは、あるかなきかわからないような存在で、しんと静まりかえっているが、じつはそのなかにものすごいエネルギーを秘めているのだという。

とくにこの章を有名にしたのは、「和光同塵《わこうどうじん》」の四字句である。

「和光」——光を和《やわ》らぐとは、自分の持っている光、つまり才知や才能をぎらぎら光らせない、見せびらかさないということ。また、「同塵」——「塵に同じうす」とは、世俗と同調し、高ぶったり、偉ぶったりしないという意味である。

すでに述べたように、「道」というのは万物の根源であって、「道」がなかったのでは万物も生存できない。そういう大きい働きをしておりながら、自分はというと「和光同塵」なのだという。人間も「道」に見習って、そんな生き方を心がけよ、と『老子』は言うのである。

言うまでもないことだが、才能や能力に恵まれているのは、本人にとってはたいへん幸せなことである。しかし、せっかく素晴らしい才能に恵まれても、それをひけらかしたり、見せびらかしたりすれば、必ずまわりの反発を買う。本人が上り調子のときは、勢いがあるから、その勢いでまわりの反発を抑えることができる。

だが、一度下り坂になり、落ち目になったとたん、今までの反発が表に吹き出してきて、寄ってたかって足を引っ張られる。その結果、あえなく自滅していくケースが少なくない。

若いときは、まだ人生経験も浅いから、ある程度やむをえない面があるかもしれない。しかし、中年になっても、そんな感じを顔や態度に見せている人がいる。そんな人にぶつかるたびに、私は「ああ、危ないかな」という思いを禁じえないのである。

先人たちも、声を大にしてそのことを戒めてきた。たとえば、私の好きな『呻吟《しんぎん》語《ご》』という古典も、繰り返しこう語っている。

——鋭い切れ味は、十分に磨いておかなければならない。ただし、切れ味は内に秘めておっとりと構えている必要がある。昔から禍《わざわい》をこうむるのは、十人のうち九人までが頭の切れる人物であった。

——頭が切れすぎると、人から恐れられる。ところが、平気でそれをひけらかす。才能がありすぎると、人から妬まれる。ところが、平気でそれを見せびらかす。これではいずれ自滅を免れない。

——まっとうな社会人として、才能もなく学問もないというのは、誉められたことではない。だが、才能もあり学問もあるというのは、逆にまた心配のタネでもある。

せっかくの武器も、使い方を誤ると、かえって身を滅ぼす凶器になりかねない。伝家の宝刀はやたら抜かないで鞘に納めておけ、というのである。『老子』の言う「和光同塵」も、これと同じ思想に他ならない。

## ◉自らを飾り立てるのは最悪である

現代は、ないものまであるように飾りたてるパフォーマンスの時代であるから、「和光同塵」と言われても、納得のできない人がいるかもしれない。しかし、この生き方には限りない魅力がある。

たとえば、ここに見たところいかにも有能そうな人物がいたとする。ところが、いざ仕事をやらせてみると、使いものにならなかった、そんなケースが少なくない。これは最悪である。

逆に、「どうかなあ」と一抹の不安を抱きながら登用してみると、ばりばり仕事をこなしてくれる人もいる。どちらが望ましいかは言うまでもないだろう。

ただし、凡庸そうに見えても、それは見かけだけのことで、中身には磨き抜かれた才能や能力が秘められていなければならない。そうでなかったら、ただのデクノボーになってしまう。

「道」はあるかないかの存在でありながら、実はそのなかにものすごいエネルギーを秘めている。人間もそうあってほしいと『老子』は言うのである。

先にも述べたように、若いときはある程度やむを得ない面もあるが、世の中の風雪にもまれて年輪を刻んできたら、ぎらぎらしたものは、なるべく内に秘めておくようでありたい。妙な威圧感を与えるのも避けたいところである。できるだけ自然体で対処するのも芸の内だと心得たい。

## 七、知っていても、知らないふりをせよ

知《し》りて知《し》らずとするは、尚《しょう》なり。知《し》らずして知《し》れりとするは、病《へい》なり。是《ここ》を以《も》って聖人《せいじん》の病《へい》ならざるは、その病《へい》を病《へい》とするを以《も》ってなり。是《ここ》を以《も》って病《へい》ならず。

▼知不知、尚矣。不知知、病矣。是以聖人之不病矣、以其病病也。是以不病。（第七十一章）

知っていても、知らないふりをする。これが望ましいあり方だ。知りもしないのに、知ったかぶりをする。これは重大な欠点だ。道を体得した人物には、そういう欠点がない。なぜなら、欠点を欠点として自覚しているからである。

## ◉「知る」とは知識を増やすことではない

「知る」ということについてすぐに思い出されるのが、孔子の名言である。子路《しろ》という弟子から「知るとはどういうことですか」と問われて、こう答えている。

「これを知るをこれを知るとなし、知らざるを知らずとなせ。これ知るなり」

知っていることは知っている、知らないことは知らないと、その限界をはっきりと認識すること、それが知るということなのだというのである。きわめて理性的でまっとうな認識ではないか。

孔子という人は、もともと知識を増やすことが自分を高め、社会に幸せをもたらすものだと信じていた。それだけにこういう厳しい指摘になったのかもしれない。

『老子』の立場はこれとは違っていた。

知識そのものに深い懐疑を抱き、そんなものが増えれば増えるほど、人間にも社会にも不幸をもたらすものだと見なしていた。これは「無為自然」の前提に立つかぎり、当然の帰結だと言ってよい。

なぜなら、「無為自然」は人間の作為や賢しらに反対するが、賢しらの最たるものが知識であるからだ。これが増えるにつれて人間本来のよさが失われ、いたずらに虚偽がはびこるようになる、と『老子』は認識したのである。

この嘆きは、現代のほうが『老子』の時代よりも遥かに深刻であるかもしれない。知識は格段に増えているのに、それだけ賢くなっているのかと言えば、必ずしもそうではない。いや、それどころか、知識を悪用して良からぬことを企む者が後を絶たないではないか。これではどちらが幸せなのかわからなくなる。『老子』の認識も、孔子とは違った意味で一面の真実を鋭くついていると言ってよい。

ただし『老子』がどんなに賢しらを否定し、知識を増やすことに警鐘を鳴らしても、現実には知識が増えていく。それが人間社会の趨勢というものだろう。

そこで、『老子』は一歩退いて、「知っていても、知らないふりをする。これが望ましいあり方だ」と言うのである。

知らないこと、すなわち「無知」が理想なのだが、知ったからには「無知」を装《よそお》うことが次善だというのであろう。

この認識は『老子』の思惑を超えて、たちまち老獪《ろうかい》な処世の知恵に転化していく。ある意味で『老子』の思想を受け継いだ『韓非子《かんびし》』という古典に、

「知《ち》の難《かた》きに非《あら》ず。知に処《しょ》するは則《すなわ》ち難し」

とある。知ることはむずかしくない、知ったあとでどう対処するかがむずかしいのだというのである。たしかにそのとおりであろう。

## ◉一流は「とぼける」のが上手い

知ったあとでどう対処するか。そこで有力な選択肢の一つになるのが、『老子』の言うように、知っていても知らないふりをすることである。

人には誰でも他人には知られたくない秘密の部分がある。そんなことまで知ってしまったら、どうすればよいのか。うっかりまわりの者に漏らしたりすれば、トラブルの元になりかねない。自分独りの胸に収めて沈黙を守るのが、賢明な処世というものだろう。

知っていても知らないふりをする――これに少し演技臭が加わると、「とぼけ」ということになる。これはとくにリーダーの立場にある者にとっては、望ましい資質の一つになるかもしれない。

たとえば、上司として部下を使う場合である。部下の能力や仕事ぶり、人柄や長所、短所などをきちんと把握しておかないことには、上司としての責任が果たせない。だが、そんなことを軽々しく口にしたのでは帳消しである。知っていても知らないふりをしてみせるところに、無言の圧力が生じてくることを忘れてはならない。

あるいは、知っているのだけれども、「あの件はどうなっているのかね」と、あえて部下にたずねてみる。実態を把握できるばかりでなく、今まで気づかなかったことまで見えてくるかもしれない。

このように、いろいろな局面で、「知っていても知らないふりをする」を、さりげなく効果的に使えるようになれば、もはや人生の達人と言ってよいだろう。

ただし、知らないのに知ったかぶりをしたのでは、自分の進歩を止めてしまうし、組織からも浮き上がってしまう。これだけは願い下げにしたい。

近頃の政治家のなかには、埒《らち》もないことをベラベラまくしたてるタイプが目立っているが、見ていると、人間がいかにも軽薄な印象を受けるのである。今となっては懐かしく思い出されるのが、亡くなった大平正芳元総理の「アーウー」である。ご本人は意識してトボケていたわけではないようだが、たくまずして良い味を出していた。

# 第二章

# 足るを知り、あるがままに生きる

# 一、足るを知れば辱《はずかし》められず—止《し》足《そく》の戒《いまし》め—

名《な》と身《み》は孰《いず》れか親《した》しき。身《み》と貨《か》は孰《いず》れか多《た》なる。得《う》ると亡《うしな》うは孰《いず》れか病《へい》なる。甚《はなは》だ愛《あい》すれば必《かなら》ず大《おお》いに費《つい》え、多《おお》く蔵《ぞう》すれば必《かなら》ず厚《あつ》く亡《うしな》う。故《ゆえ》に足《た》るを知《し》れば辱《はずかし》められず、止《とど》まるを知《し》れば殆《あや》うからず。以《も》って長久《ちょうきゅう》なるべし。

▼名与身孰親。身与貨孰多。得与亡孰病。甚愛必大費、多蔵必厚亡。故知足不辱、知止不殆。可以長久。（第四十四章）

地位と生命と、どちらが大切か。生命と財産と、どちらが重要か。得ると失うと、どちらが苦痛か。

地位に執着しすぎれば、必ず生命をすりへらす。財産を蓄えすぎれば、必ずごっ

**そり失ってしまう。**
**足ることを心得ていれば、辱《はずかし》めを受けない。止《とど》まることを心得ていれば、危険はない。いつも安らかに暮らすことができる。**

## ◉「欲」は身の破滅を招く

この章は、「足るを知れば辱められず、止まるを知れば殆《あや》うからず」の名言によって知られている。足ること、止まることをよく心得てかかれ、と言うのである。これをとくに「止足《しそく》の戒《いまし》め」と言う。

むろん、欲にはいい面もある。なんらかの欲があるからこそ、やる気も出てくるのである。こういう欲は、むしろ大いに推奨されていい。

問題は過ぎることである。

たしかに欲の皮を突っ張らせると、往々にして手痛いしっぺ返しを受け、ときとすると身の破滅を招くことも少なくない。あとで「しまった」と思っても、時すでに遅しなのである。

『老子』のこのことばは、それを警告したものであることは言うまでもない。

念のため『菜根譚』のなかから、これに関連した実践的なアドバイスを三つほどとりあげてみよう。

——口あたりのいい珍味は、すべて腸を痛め骨を腐らせる毒薬である。ほどほどにしないと、健康をそこなう。

快適な楽しみは、いずれも身を滅ぼし徳を失う原因である。ほどほどにしないと、悔いを残す。

——前へ進むときには、必ず後に退くことを考えよ。そうすれば、垣根に角を突っ込んだ羊のように、身動きがとれなくなる恐れはない。

手を着けるときには、まず手を引くことを考えよ。そうすれば、虎の背に乗ったときのように、やみくもに突っ走る危険を避けることができる。

——財産が多くなるほど、失うときの損害も大きくなる。その点、貧乏人には失う心配がないので、金持ちよりもはるかにましだ。

地位が高くなるほど、つまずく機会も多くなる。その点、地位の低い者はいつも安泰だから、低いままでいたほうが遥かに優っている。

『菜根譚』の言うように、ここまで割り切れるかどうかは別として、これらのコメントはいずれも『老子』の思想を踏まえたものであることは言うまでもない。

## ◉子孫に財産を残すのは怠惰を教えるようなもの

先人のなかには、完璧にこの思想を実践した人物もいた。たとえば、漢代の疎広《そこう》という人物である。

この人は学問にすぐれていることをもって朝廷に招かれ、太子太傅《たいふ》として皇太子の教育にあたったが、五年後、皇太子の学問が進歩したのを見とどけるや、

「吾《われ》聞く、足るを知れば辱められず、止まるを知れば殆うからず、功遂げ身退くは天の道なり、と。今、官に仕えて二千石に至り、宦《かん》成り名立つ。此《かく》の如くにして去らざれば、懼《おそ》らくは後悔あらん」

こう言って辞任を願い出、郷里に隠棲した。

郷里に引きこもってからが、また振るっている。毎日のように一族や旧知の人々を招待して宴会にあけくれたという。こんなことが一年も続いたものだから、子や孫としては気が気ではない。このままでは無一文になってしまう、どうしたものかと、一

族の長老に相談した。

長老がそれとなくたしなめたところ、疎広はこう答えたという。

「いやいや。わが家には先祖が残してくれた田畑があります。子孫がしっかりと耕しさえすれば、生活に困ることはないでしょう。そのうえに余分な財産を残してやれば、わざわざ子孫に怠惰を教えるようなもの。賢い人間でも志を失ってしまいますし、愚かな人間だといたずらに過ちを増やすことになります。しかも、なまじ金などためこめば衆人の怨《うら》みを買います。私は子孫がそうなることを願いません。

それにこの金は陛下から賜《たまわ》ったもの。それを使って、みんなで楽しみながら余生を送るのもまたいいではありませんか」

長老も納得してくれたらしい。こうして疎広は天寿を全うして世を去ったが、人々はそんなかれの生き方を「止足の計を行ない、辱殆《じょくたい》の累《わずら》いを免《まぬが》る」と評したという。

私どもの場合、疎広のようには達観できそうにない。だが、『老子』のこのことばを心に刻みつけておけば、大きな破綻から免れることができるかもしれない。

## 二、無心であれ、素朴であれ

その雄《ゆう》を知《し》りて、その雌《し》を守《まも》れば、天下《てんか》の渓《たに》となる。天下《てんか》の渓《たに》となれば、恒徳離《こうとくはな》れず。恒徳離《こうとくはな》れざれば、嬰《えい》児《じ》に復帰《ふっき》す。その白《はく》を知《し》りて、その辱《じょく》を守《まも》れば、天下《てんか》の谷《たに》となる。天下《てんか》の谷《たに》となれば、恒徳《こうとく》乃《すなわ》ち足《た》る。恒徳《こうとく》乃《すなわ》ち足《た》れば、樸《ぼく》に復帰《ふっき》す。その白《はく》を知《し》りて、その黒《こく》を守《まも》れば、天下《てんか》の式《しき》となる。天下《てんか》の式《しき》となれば、恒徳忒《こうとくたが》わず。恒徳忒《こうとくたが》わざれば、無極《むきょく》に復帰《ふっき》す。樸散《ぼくさん》ずれば則《すなわ》ち器《うつわ》となる。聖人《せいじん》これを用《もち》うれば則《すなわ》ち官長《かんちょう》となる。それ大制《たいせい》は割《さ》くことなし。

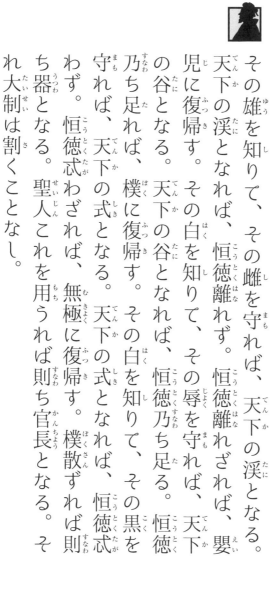

▼知其雄、守其雌、為天下渓。為天下渓、恒徳不離。恒徳不離、復帰于嬰児。知其白、守其辱、為天下谷。為天下谷、恒徳乃足。恒徳乃足、復帰于樸。知其白、守其黒、為天下式。為天下式、恒徳不忒。恒徳不忒、復帰于無極。樸散則為器。聖人用之則為官長。夫大制無割。（第二十八章）

男の強さは認めつつも、あえて女の弱さに徹するならば、もろもろの流れを集める渓谷のように、万物を受け入れることができる。そうすれば、道を体得して、赤ん坊のような無心の状態にたち返ることができる。

潔白をよしとしながらも、あえて汚辱のなかに身を置けば、もろもろの流れを集める谷川のように、万物を包容することができる。そうすれば、道と合致して、原木そのままの素朴な状態にたち返ることができる。

素晴らしい明知に恵まれながらも、あえて暗愚に徹すれば、天下の師表となることができる。そうすれば、道と一体となり、限りなく原初の状態にたち返ることができる。

原木は細工を加えられることによって製品となる。しかし、道を体得した人物は、原木の素朴さを保持することによって万物の主宰者となる。素晴らしい製品とは、もともと細工など加えないものである。

## ◉無心と権謀のバランスとは

『老子』はなぜ「道」に注目したのだろうか。それは他でもない、「道」は素晴らしい徳を幾つも持っているからである。人間もそれらの徳を身につけることができれば、この生きにくい世の中をたくましく、そして、さわやかに生き抜いていくことができるのだという。

それらの徳のうち、柔軟性とか謙虚さについてはすでに紹介したが、この章ではあらためて幾つかの重要な徳がとりあげられている。たとえば、女性の体現している柔弱、赤ん坊の持っている無心、渓谷が象徴している包容力、原木が持っている素朴さである。これらの徳も、『老子』は称《たた》えてやまない。

ただし、無心と言ってもまっさらな無心ではない。実はそのなかに熟慮とか権謀を包み込んでいるのである。つまり、熟慮とか権謀を突き抜けて、その果てに到達した無心とでも言えば、これに近いであろうか。素朴さにしても同じであって、表も裏も素朴なのではない。練りに練りあげて、熟練の果てに到達した素朴さなのである。『老子』の意図したのは、そういう無心であり、そういう素朴さであった。

そのことは、「素晴らしい明知に恵まれながらも、あえて暗愚に徹すれば、天下の師表となることができる」という一節に、よりはっきりと示されている。暗愚と言っても、ただの暗愚ではない。実はそのなかに素晴らしい明知を包み込んでいるのである。ただし、そんなことはおくびにも出さず、暗愚を装っているということであろう。これはある意味でわかりやすいかもしれない。

**●日本の名リーダーは「任せ方」に長けていた**

これについては参考のために二人の人物をとりあげておこう。

まず日露戦争を戦った大山巌《おおやまいわお》である。総司令官として奉天会戦に臨んだとき、作戦の一切を知将の誉れ高い総参謀長の児玉源太郎《こだまげんたろう》に任せ、自分はのんびりと構えていた。

やがて戦端が切られ、両軍の砲声がいんいんと谺《こだま》しはじめる。さすがの児玉も緊張の色を隠せない。そこへもっそりと姿を現わした大山は、

「児玉どん、児玉どん、どげんしたにゃ。今日は朝から大砲の音がやかましか。いったい何ごとでごわすか」

のんびりした調子で声をかけたという。大山の癖をよく承知していた児玉は、「ま

たか」と心のなかで苦笑したに違いない。しかし、この一言は緊張した司令部の雰囲気を和《やわ》らげるのに、ずいぶん効果があったのではないか。

そのあとで大山は激戦を続ける野砲部隊の後方に姿を現わした。火事場さながらで足の踏み場もない。大山は狂ったように指揮をとっている若い将校をさし招いた。何ごとならんと、こわばった顔のまま不動の姿勢をとったかれに、

「大筒というのは、上に向けるほど遠くへ飛ぶでごわすかな」

とたずねたという。

実は大山は若手の将校時代、砲術の研究にフランスへ留学しているのである。いわばその道のプロだった。そのかれにしてこの一言である。若い指揮官の過熱した頭を冷やしてやるのに十分な効果があったに違いない。

ちなみに晩年、大山は孫娘に、

「おじいちゃま、総司令官というのはどんな心がけで戦《いくさ》をするものですか」

と聞かれて、

「うん、知っちょっても、知らんふりをすることよ」

と答えたといわれる。

さて、もう一人は昭和の将師米内光政《よないみつまさ》である。

連合艦隊司令長官に任命されたとき、記者団に抱負を聞かれて、

「いっさいを部下に任せてボーッとしている。だいたい司令官というものは、むずかしいことはみんな部下にやってもらうものだよ」

と答えたという。

どういうわけか昭和になってからの海軍の将師たちは老荘思想に親しむ者が多かったといわれる。米内のこのことばにも『老子』の影響があったのかもしれない。

それはともかく、大山にしても米内にしてもみごとなものではないか。あえて暗愚を装いながら、しっかりと組織をまとめ、部下から慕われているのである。東洋型リーダーの一つの典型と言ってよい。こういう立派な伝統はしっかりと受け継いでいきたいものである。

## 三、知識は増やすべきではない

学《がく》を為《おさ》むる者《もの》は日《ひ》に益《ま》し、道《みち》を聞《き》く者《もの》は日《ひ》に損《そん》ず。これを損《そん》じて又《また》損《そん》じ、以《も》って無為《むい》に至《いた》る。無為《むい》なれば則《すなわ》ち為《な》さざるなし。まさに天下《てんか》を取《と》らんと欲《ほっ》すれば、恒《つね》に無事《ぶじ》なり。その有事《ゆうじ》に及《およ》びては、又《また》以《も》って天下《てんか》を取《と》るに足《た》らず。

▼為学者日益、聞道者日損。損之又損、以至于無為。無為則無不為。将欲取天下也、恒無事。及其有事也、又不足以取天下矣。（第四十八章）

学問を修める者は日ごとに知識を増やしていくが、道を修める者は日ごとに減らしていく。減らしに減らしていったその果てに、無為の境地に到達する。そこまで到達すれば、どんなことでもできないことはない。天下を取ろうとするなら、

## 無為に徹しなければならない。へたに策略を弄すれば、天下は取れない。

### ◉知識は人に迷いを与える

この章も「無為」の効用を説いているのである。

学問によって知識を獲得することは、一人前の社会人として世の中に立っていこうとするからには、いつの時代でも必要なことである。とくに『老子』の生きた時代は、ごく一部の人々に学問や知識が占有されていた。だから、それらを身につけることの意義は、現代とは比較にならないほど重かったに違いない。

ところが『老子』は、そういうなかにあって、きっぱりと学問や知識を否定しようとするのである。なぜだろうか。次の二つの理由をあげることができる。

一、人間が本来持っている素朴なよさが失われ、人を騙したり陥れたりする狡知《こうち》が発達していく

一、つまらない知識にとらわれて、ああでもない、こうでもないと、迷いばかり深くなっていく

たしかにそういう一面のあることは否定できない。とくに現代のように、知識に振

り回されて迷妄《めいもう》の度を深めている時代にあっては、『老子』の主張にもそれなりの説得力があることは認めざるを得ないのである。

減らすことの効用は、なにも知識だけとは限らない。『老子』の教えを受け継いだ『菜根譚』は、より広く減らすことの意味に着目して、こう語っている。

「人生、一分《いちぶ》を減省《げんせい》せば、便《すなわ》ち一分を超脱《ちょうだつ》す。如《も》し交遊減ずれば、便ち紛擾《ふんじょう》を免る。言語減ずれば、便ち愆尤寡《けんゆうすくな》し。思慮減ずれば、則《すなわ》ち精神耗《こう》せず。聡明減ずれば、則ち混沌完《まっと》うすべし。彼《か》の日に減ずるを求めずして日に増すを求むる者は、真《まこと》にこの生を桎梏《しっこく》するかな」

わかりやすく訳してみよう。

「この人生では、何ごとにつけ、減らすことを考えれば、それだけ俗世間から抜け出すことができる。たとえば、交際を減らせば、もめ事から免れる。口数を減らせば、非難を受けることが少なくなる。分別を減らせば心の疲れが軽くなる。知識を減らせば本性を全うできる。減らすことを考えず、増やすことばかり考えている人は、まったくこの人生をがんじがらめにしているようなものだ」

およそこんな意味になるであろう。言われてみればそのとおりではないか。してみると、やたらつまらない用事を増やして、「忙しい、忙しい」と、半分自慢げにとび回っている人は、なんと哀れな者よ、ということになるかもしれない。

また、元《げん》の時代に、耶律楚材《やりつそざい》という名宰相がいたが、この人は、政治の要諦《ようてい》も減らすことにあるとして、こう語っている。

「一利を興すは、一害を除くに若《し》かず。一事を生ずるは、一事を減ずるに若かず」

有益なことを一つ始めるより、有害なことを一つ取り除くほうが大切である。新しいことを一つ始めるより、余計なことを一つ減らすほうが重要である、というのだ。

この名言は、財政再建などを考えるとき、とくに有効であるかもしれない。

## ◉過去をくよくよ思い悩まない

さて、減らすことの効用はよくわかるとしても、『老子』の理想は、減らしに減らしていったその先にある。すなわち「無為」である。これが理想なのだという。

「無為」とは、すでに述べたように、何もしないでじっとしていることではない。一見そのように見えるが、そのなかに包み込んでいる中身が問題なのである。だから鵜《う》呑《の》みにして形だけ真似ると、無能のレッテルを貼られる恐れがないでもない。

いったい「無為」とは、どんな境地を指しているのか。参考になるのが『荘子』の次のことばである。

「至人《しじん》の心を用うるは鏡の若《ごと》し。将《おく》らず迎《むか》えず、応じて蔵《おさ》めず。故に能《よ》く物に勝《た》えて傷《そこな》われず」

これもわかりやすく訳してみると、

「至人の心は鏡のようなものである。自分はじっと動かない。過ぎ去ったことにも遠い先のことにも、くよくよ思い悩まない。来るものはそのまま映すが、去ってしまえばなんの痕跡もとどめない。したがって、どんな事態にも対応できて、しかも、傷つけられることはないのである」

となるであろう。

「至人」とは『荘子』流の表現で、「道」を体得した人物を指している。そういう人物というのは、たぶん、いっさいの固定観念を捨て去っているのであろう。だから、どんな事態にも自在に対応できるのである。無能そうに見えながら、有能の極致と言ってよい。

『老子』の主張する「無為」とは、こういうレベルを指しているのである。

# 四、功《こう》遂《と》げ身退《しりぞ》くは天の道なり

殖《しょく》してこれを盈《み》たすは、その已《や》むに若《し》かず。揣《う》ちてこれを鋭《するど》くすれば、長《なが》く葆《たも》つべからず。金玉《きんぎょく》、室《しつ》に盈《み》つれば、これを能《よ》く守《まも》るなし。貴富《きふ》にして驕《おご》れば、自《みずか》ら咎《とが》を遺《のこ》す。功《こう》遂《と》げ身《み》退《しりぞ》くは、天《てん》の道《みち》なり。

▼殖而盈之、不若其已。揣而鋭之、不可長葆也。金玉盈室、莫之能守也。貴富而驕、自遺咎也。功遂身退、天之道也。（第九章）

溢れるほど注ぎ込んだ水は、すぐにこぼれる。鋭く研ぎすました刃物は、折れるのも早い。部屋いっぱい財宝を貯め込んでも、守りきれない。偉くなって得意顔をすれば、足を引っ張られる。仕事を成し遂げたら身を引くのが、天の道である。

## ◉すべてほどほどが望ましい

「ほどほど主義」の勧めである。地位にしても財産にしても、ほどほどが望ましいのだという。昇りつめると陥穽《かんせい》が待っているし、蓄えすぎるとごっそり失ってしまう。そうはなるまいと神経をすり減らすので、寿命を縮めることにもなりかねない。いずれにしても碌なことにはならないのだという。

これを戒めてきたのは『老子』だけではない。たとえば『易経《えききょう》』という古典にも、「亢竜《こうりょう》、悔いあり」とある。

頂上まで昇りつめた竜には悔いがある。なぜなら、そこまで昇りつめてしまうと、その先にはもはや転落しか待ち受けていないからだという。してみると、頂上を目指しているときが人生の花なのかもしれない。

また、『淮南子《えなんじ》』という古典にも、こうある。

「天地の道は、極まれば則ち反《かえ》り、盈《み》つれば則ち損《そん》す」

極まればもとに返り、満つれば欠ける。これが天地自然の理《ことわり》だというのである。むろん、人間社会にもこの理が貫かれていることは言うまでもない。

さらにもう一つ、『菜根譚』もこう戒めている。

「花は半開を看《み》、酒は微酔《びすい》に飲む。このなかに大いに佳趣《かしゅ》あり。若《も》し爛漫酕醄《らんまんもうとう》に至らば、便《すなわ》ち悪境《あくきょう》を成す。盈満《えいまん》を履《ふ》む者は、よろしくこれを思うべし」

花を見るなら五分咲き、酒を飲むならほろ酔いかげん。このあたりに最高の趣《おもむき》がある。満開の花を見たり、酔いつぶれるまで飲んだりしたのでは、まったく興醒めだ。満ち足りた境遇にいる人は、このことをよく考えてほしい。

満ち足りている人には、よほどの自戒が必要なのだという。

これは余談だが、私も若いころはぐでんぐでんに酔っ払って周りに迷惑をかけたことがある。若気の至りと言えないこともないが、近年はめっきり酒量も少なくなり、ほんの少々嗜《たしな》む程度にとどまっている。そういう意味では、『菜根譚』の教えを忠実に守っているわけだが、反面、いささか寂しい気がしないでもない。

ところで長い歴史のなかには、文字どおりこの思想を実践した人物も少なくない。南北朝時代、顔之推《がんしすい》という文人学者がいた。めまぐるしく王朝が交替したこの時代、波乱に富んだ人生を生き抜いていくのだが、そのかれが子孫のために書き残した『顔氏家訓』のなかに、こんな一節がある。

——仕官して自分の地位を安泰にするなら、中くらいの地位から上に昇らないほうがよい。前に五十人、後に五十人といったところなら、辱《はずかし》めを受けることもないし、自分の地位を危うくすることもないだろう。

この地位なら目立ちすぎて狙い撃ちされることもないし、批判されて脱落する恐れもない。まさにしたたかな処世の知恵ではないか。

**◉早めに身を引く者ほど名誉を全うする**

ところで、『老子』にとって地位や財産や名誉というのは何ほどの価値も持たなかった。はじめから眼中にないのである。だから、地位が昇ろうが昇るまいが、財産が増えようが増えまいが、そんなことはいっこうに苦にならないのである。

私どもの場合はそんなわけにはいかない。できれば、高い地位につきたいし、財産も増やしたいと思っている。とても『老子』のような恬淡たる心境にはなれない。ならばどう生きたらよいのか。『荘子《そうじ》』の次のことばが参考になるかもしれない。

——高い地位が手に入るかどうかは、自分本来の生き方とは無関係である。たまたまやってきたところで、一時的な付属物にすぎない。だから、やってくれれば有り難くお受けするし、逃げ去っていくならあえて引き止めたりしない。

こだわるな、というのである。これくらいなら私どもにも実行できそうではないか。では、高い地位まで昇りつめたらどうすればよいのか。与えられた責任を果たしたら、いつまでも地位に恋々《れんれん》としないで、早めに身を引くのがよいのだという。なぜなら、そのほうが功績や名誉を全《まっと》うできるからであることは言うまでもない。

しかし、これも言うは易《やす》く、行なうは難《かた》しである。古来から身を引く時期を誤って、みずから墓穴を掘った例がいかに多いことか。

そうならないためには、高い地位についたそのときから、常に引退の潮時を念頭においてかかったほうがよいのかもしれない。

## 五、善《よ》く行く者は轍迹《てつせき》なし―動いた跡を残さない―

善《よ》く行《ゆ》く者《もの》は轍迹《てつせき》なし。善《よ》く言《い》う者《もの》は瑕適《かてき》なし。善《よ》く数《かぞ》うる者《もの》は籌策《ちゆうさく》を用《もち》いず。善《よ》く閉《と》ずる者《もの》は関籥《かんやく》なくして啓《ひら》くべからず。善《よ》く結《むす》ぶ者《もの》は縄約《じようやく》なくして解《と》くべからず。是《ここ》を以《も》って聖人《せいじん》は恒《つね》に善《よ》く人《ひと》を救《すく》いて、棄人《きじん》なし。物《もの》に棄財《きざい》なし。これを怈明《えいめい》と謂《い》う。故《ゆえ》に善人《ぜんにん》は不《ふ》善人《ぜんにん》の師《し》なり。不善人《ふぜんにん》は善人《ぜんにん》の資《し》なり。その師《し》を貴《たつと》ばず、その資《し》を愛《あい》せざれば、智《ち》なりと雖《いえど》も大《おお》いに迷《まよ》う。これを妙要《みようよう》と謂《い》う。

▼善行者無轍迹。善言者無瑕適。善数者不用籌策。善閉者無関籥而不可啓也。善結者無縄約而不可解也。是以聖人恒善救人、而無棄人。物無棄財。是謂愧明。故善人、不善人之師。不善人、善人之資也。不貴其師、不愛其資、雖智乎大迷。是謂妙要。（第二十七章）

道に則《のっと》ればどうなるのか。行動するにしても動いた跡を残さない。発言するにしても付け入る隙《すき》を与えない。計算するにしても算盤を必要としない。戸締まりに鍵を使わなくても開けられることはない。包装に縄を使わなくても解かれることはない。

だから、道を体得した人物は、あらゆる人を生かして使い、人も物も使い捨てにしない。これこそ類まれな英知と言うべきだ。

道を知らない者は、道を体得した人物を手本としなければならない。また、道を体得した人物も、それを知らない者を見て反省を怠ってはならない。そうでなかったら、どんな素晴らしい知恵に恵まれても、必ず迷いが生じる。この両者の関係はまことに微妙である。

＊轍迹　わだち、すなわち車の通ったあとのくぼみ。＊善人　「道」を体得した人物。
＊資　助け。

## ◉引き際が美しい人をめざす

この章で広く知られているのが、「善く行く者は轍迹なし」ということばである。動いた跡を残さないとは、まさに名人芸と言ってよい。なぜそういうことが可能になるのか。それは他でもない、やることなすこと行動のすべてが「道」に則《のっと》っているからだという。

しかし、こう言われても、具体的にどういうことなのか、もう一つイメージが描きにくい。

現実にこれに近い例を求めるとすれば、次の話などはどうだろうか。

唐王朝の二代目太宗・李世民《りせいみん》の治世は「貞観《じょうがん》の治《ち》」と呼ばれ、もっとも理想的な政治が行なわれたとされている。その太宗を補佐したのが、房玄齢《ぼうげんれい》と杜如晦《とじょかい》の二人の宰相コンビだった。この二人は、

「玄齢善《よ》く謀《はか》り、如晦善く断《だん》ず」

と評されているように、房玄齢のほうは策をめぐらすことに長《た》け、杜如晦のほうは決断に優れていて、違った持ち味で太宗を補佐したが、その施政はと言えば、

「玄齢、太宗を佐《たす》くること凡《およ》そ三十二年、然《しか》れども跡の尋ぬべきなし。太宗、禍乱《からん》を定めて、房杜、功を言わず」

であったという。

「跡の尋ぬべきなし」というのだから、これが自分たちのやった仕事だとわかるような仕事は、何一つ残さなかったし、仮に功績があっても、一言も口にしなかったのである。補佐役としては理想のあり方ではないか。

これなどは「善く行く者は轍迹なし」に近いと言えよう。

もう少し卑近な例をあげれば、『菜根譚』のこのことばである。

――宴会のにぎわいも最高潮にさしかかったころ、やおら席を立って引きあげる人を見ていると、絶壁の上をすたすたと歩いていくようなみごとさを感じる。

すでに夜もふけたというのに、まだふらふら外をほっつき歩いている人を見ると、欲望の世界にどっぷりつかっている俗物のあさましさを笑わずにはいられない。

ここで注目したいのは、むろん前段のくだりであるが、こういうこだわりのない、自然流の立居振る舞いも一種の名人芸であって、「善く行く者は轍迹なし」に近いように思われる。

あえて言えば、天衣無縫ということでもあるが、しかしそれでいて決めるところはぴたっと決まっている。一見隙だらけのように見えて、よく見ると、どこにも隙がないといった姿が思われるのである。

さらに、あの孔子がみずからの人生を述懐したことばなどもこれに重なってくる。「七十《しちじゅう》にして心の欲する所に従いて、矩《のり》を踰《こ》えず」

七十歳になると、欲望のままに振る舞っても、ハメをはずすようなことはなくなったと言うのである。これなども世の中の規範とかしがらみなどにとらわれなくなった自在の境地を思わせるではないか。

ちなみに私もかねてから孔子のようにありたいと願ってきたのだが、まだ俗物根性を捨て切れないで困っている。まして『老子』の言う「轍迹なし」のレベルともなれば、永遠の課題なのかもしれない。

## ◉「師資相承《ししそうしょう》」——自らの経験を後進に引き継ぎたい

この章について、もう一つ補っておきたいのは、後段の「善人は不善人の師《し》なり。不善人は善人の資《し》なり」に関することである。

だいぶ前になるが、さる企業の研修所に話に行ったときのこと、担当者から、「OBの方に、きみそれは師資相承《ししそうしょう》だよと言われたんですが、いったいどういう意味なんですか」

と聞かれたことがある。意味は見当がついたが、出典については答えることができなかった。あとで調べてみると、「師資」の二字は明らかに『老子』のこのくだりが出典であるが、「師資相承」の四字句のほうは中国古典ではなく、『正法眼蔵』など日本の仏典に出てくることがわかった。師匠から弟子へ教えを伝えるという意味であることは言うまでもない。

かつて企業の先人もこんな形で自分の経験を後輩たちに伝えていったのである。近ごろは企業人も、アメリカ流を採り入れることには熱心だが、こういう面の努力がなおざりにされているように思われてならない。もっと見直されて然《しか》るべきではないか。

## 六、天道は親《しん》なし、恒《つね》に善人に与《くみ》す

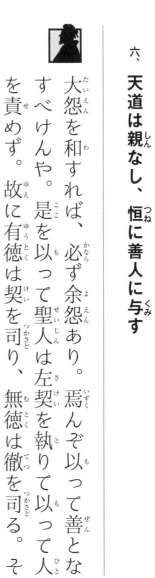

大怨《たいえん》を和《わ》すれば、必《かなら》ず余怨《よえん》あり。焉《いずく》んぞ以《も》って善《ぜん》となすべけんや。是《ここ》を以《も》って聖人《せいじん》は左契《さけい》を執《と》りて以《も》って人《ひと》を責《せ》めず。故《ゆえ》に有徳《ゆうとく》は契《けい》を司《つかさど》り、無徳《むとく》は徹《てつ》を司《つかさど》る。それ天道《てんどう》は親《しん》なし、恒《つね》に善人《ぜんにん》に与《くみ》す。

▼和大怨、必有余怨。焉可以為善。是以聖人執左契而不以責于人。故有徳司契、無徳司徹。夫天道無親、恒与善人。（第七十九章）

大きな怨《うら》みを買えば、たとえ和解したとしても、必ずしこりが残る。人の怨みを買うのは賢明な処世ではない。道を体得した人物は、仮に債権者の立場にあったとしても、せっかちな取り立てはしないものだ。徳のある者は取り立てを控《ひか》え、徳のない者は容赦なく取り立てるという。

天のやり方にはえこひいきがない。いつも徳のある者に味方するのである。

＊契　賃貸を交わすときの割り符。＊徹　取り立てること。

## ◉天を怨まず、人をとがめず

「天道は親《しん》なし、恒《つね》に善人に与《くみ》す」もよく知られている名言である。天の配剤に対する揺るぎない信頼を吐露したことばに他ならない。

これは『老子』だけでなく、中国人一般の認識であったらしい。あの孔子にしても『論語』のなかでこう語っている。

「天を怨まず、人を尤《とが》めず。下学して上達す。我を知る者はそれ天か」

私は天を怨むこともなく、人を責めることもなく、日常の問題から出発して、ひたすら自分を向上させることに努めてきた。そういう私を理解してくれるのは天だけであろうか。ざっとこんな意味になるかもしれない。

孔子も最後の心の拠り所を天に求めたのである。

ところで、この章では主として怨みの問題がとりあげられている。これも古くて新しい問題であって、他の古典もさまざまな角度からとりあげている。

今、『論語』を引き合いに出したので、ついでに『論語』のなかから、孔子が怨みについて言及していることばを幾つか紹介してみよう。

「利に放《よ》りて行なえば、怨み多し」

利益追求を優先させると、人の怨みばかり買う羽目になるぞ、というのである。

「伯夷《はくい》叔斉《しゅくせい》は旧悪を念《おも》わず。怨みここを用《も》って希《まれ》なり」

伯夷、叔斉は他人の仕打ちをいつまでも根に持たなかった。そのため人の怨みを買うことはめったになかった、というのである。

「貧しくして怨むなきは難く、富みて驕《おご》るなきは易《やす》し」

貧乏していても人を怨まない、これはむずかしい。金持ちになっても人を見下さない、こちらのほうがまだやさしい。

「躬自《みみずか》ら厚くして、薄く人を責むれば、則ち怨みに遠ざかる」

自分については厳しく反省し、他人に対しては寛容な態度で臨む。そうすれば、人の怨みを買うことも少なくなるのだと言う。

きりがないのでやめておくが、『老子』にしても孔子にしても、なぜ怨みにこだわるのか。淡泊な日本人にはもう一つピンとこないかもしれないが、こういう事情なのである。

中国人は一般に、人間とは執念深いものだ、人の怨みを買えばいつかどこかで必ず仕返しをされる、自分も同じ立場に立てばそうするし、相手もそうするものだ、と心得てきた。だから、ふだんから人の怨みを買わないように、細心の注意を払う。これは、かれらにとっては人間学のイロハだと言ってよい。この問題についてはおのずから敏感にならざるを得ないのである。

### ◉金を貸しても取り立てない

では、人の怨みを買わないためには、どうすればよいのか。

『老子』によれば、金を貸してもあこぎな取り立てはしないことだという。これはよくわかる。また、今紹介した孔子のことばにも怨みを買わないためのヒントが含まれているが、さらに他の古典からも、もっと具体的なアドバイスを二つ紹介しておこう。

まずは『菜根譚』である。


――小さな過失はとがめない。隠しごとはあばかない。古傷は忘れてやる。

他人に対してこの三つのことを心がければ、自分の人格を高めるばかりでなく、人の怨みを買うこともない。

次は、『酔古堂剣掃《すいこどうけんそう》』から。

――人に負けても害はない。なぜなら、相手は怨みの心を抱かないからである。勝ってもよいことはない。なぜなら、思わぬ禍《わざわい》をこうむるかもしれないからである。


いずれも、もっともな指摘ではないか。私ども日本人は、今言ったように淡泊だから、仮に怨みを買うようなことをしても、仕返しを受けることは少ない。だが、なかには執念深い人間もいるのである。用心するにこしたことはない。

怨みというのは、いつどこで誰に買っているかわからないケースが多い。仕返しをされて、あっと気がついたときには、もう遅いのである。それだけに対応がむずかしいし、始末が悪いとも言える。

今あげた幾つかの注意事項に留意するだけでも、人の怨みを買うことを少なくすることができるかもしれない。

## 七、「小国寡民《かみん》」こそ理想の社会

小邦寡民《しょうほうかみん》、十百人《じゅうひゃくにん》の器《うつわ》あれども用《もち》うることなからしむ。民《たみ》をして死《し》を重《おも》んじて徙《うつ》るに遠《とお》ざからしむ。舟車《しゅうしゃ》あれどもこれに乗《じょう》ずる所《ところ》なく、甲兵《こうへい》あれどもこれを陣《じん》する所《ところ》なし。民《たみ》をして復《また》縄《なわ》を結《むす》びてこれを用《もち》いしむ。その食《しょく》を甘《あま》しとし、その服《ふく》を美《び》とし、その俗《ぞく》を楽《たの》しみ、その居《きょ》に安《やす》んず。隣邦《りんぽう》相望《あいのぞ》み、鶏犬《けいけん》の声《こえ》相聞《あいき》こえ、民《たみ》、老死《ろうし》に至《いた》るまで相往来《あいおうらい》せず。

▼小邦寡民、使有十百人之器而勿用。使民重死而遠徙。有舟車無所乗之、有甲兵無所陣之。使民復結縄而用之。甘其食、美其服、楽其俗、安其居。隣邦相望、鶏犬之声相聞、民

至老死不相往来。（第八十章）

どんな社会が理想なのか。まず国は小さく、人口も少ない。文明の利器に恵まれたとしても、人々は見向きもしない。それぞれに人生を楽しみ、他所へ移ろうとしない。

舟や車があっても乗ろうとはしないし、武器はあっても手にとろうとはしない。あえて読み書きを習おうともしない。それぞれの生活に満足し、それぞれに生活を楽しんでいる。

鶏や犬の声が聞こえてくるようなすぐ近くに隣の国があっても、往来する気などさらにない。

＊縄を結ぶ　文字が作られる前の太古の時代、縄の結び目によって意志を伝えあったと言われる。

### ◉自給自足の桃源郷

『老子』が思い描いた理想郷である。しいて個条書きにしてみると、

一、小さな村落共同体

一、自給自足の経済体制
一、反文明の自然社会
一、隔絶した閉鎖社会

となるかもしれない。

ちなみに、『老子』のこの記述にもとづいて『桃花源の記』を書き、「桃源郷」に思いをはせたのが、晋《しん》代の田園詩人・陶淵明《とうえんめい》である。その粗筋はこうである。

——晋の時代の太元年間のこと、武陵《ぶりょう》という町の漁師が漁をしながら谷をさかのぼっていくと、いつのまにか道に迷ってしまった。ふと見ると、あたりには一面に桃の林が広がり、花が咲き乱れて、えも言われぬ香りが漂っているではないか。林の奥をつきとめようと、なおも谷をさかのぼっていったところ、谷の尽きるあたりに、小さな洞穴があった。かすかに光がさしている。舟を捨ててくぐっていくと、突然、視界が開けた。

見れば、手入れされた田畑が広がり、家々がきちんと建ち並んでいるではないか。鶏や犬の鳴き声がのどかに聞こえてくる。村人たちは見たこともない衣服を着て、老人や子供まで、のんびりと楽しそうに暮らしていた。

漁師は村人たちに歓待された。驚いたことに、村人たちは漢の時代も魏の時代も知らない。先祖のとき、秦の戦乱を避けてこの地にのがれ、それきり外の世界との往来を絶ったのだという。

漁師は歓待されるまま、数日を桃源郷ですごした。

武陵に帰ってこの話をすると、おれも行ってみようと出かける者が現われたが、誰もこの桃源郷をたずねあてた者はいない。


以上が陶淵明のイメージした「桃源郷」のあらましであるが、『老子』が思い描いた理想郷のイメージをふくらませたものであることは言うまでもない。

『老子』の理想は、「小国寡民」にあった。外の世界と隔絶された小さな村落社会、そこでの自足した生活。私にも大いに共鳴できる部分がある。現実にそういう所があって、一週間も住んだら、ずいぶん心の疲れが癒《いや》されるであろうな、できれば住んでみたい、という思いはある。

しかし、どうだろうか、一週間も住まないうちに時間をもて余すようになり、すぐに逃げ出したくなるのではないか、という思いも禁じえない。

## ◉「文明」という毒といかに付き合うか

「桃源郷」や『老子』の理想郷と対極にあるのが、今現に私どもが生きているこの文明社会である。経済大国という呼び方はやや色褪せたものの、経済にしても生活にしても、依然として世界のトップレベルにあることには変わりがない。

文明社会はなんと言っても便利であって、これに慣れると、簡単には手放せなくなる。私は仕事がら毎年二回くらい中国へ行ってきた。奥の農村のほうへ入っていくと、今でも井戸から水を汲《く》み、田を耕して食らう社会である。

だいぶ以前のこと、四川省の辺地を旅したとき、ホテルの周りを散歩していたら、道端で花を摘んでいる少女を見かけた。近づいてみたら、ホテルの従業員ではないか。二言三言、声を交わしてから、

「どうだ、その気があるなら、一緒に日本に連れて行ってやるぞ」と言ったら、しばし考えていた少女は、「ここが一番いいわ」と言って微笑んだ。

そんな鄙《ひな》びたよさが残っていたのである。

「いいなあ」「なつかしいなあ」とは思うものの、「では、住んでみるか」と言われると、とてもその気になれない。『老子』に言わせると、それは文明の毒に汚染されているからだということになるのだが、なんと言われようと、快適なものは快適なのである。

むろん、文明には強い毒があることは認めざるをえない。卑近な例をあげれば、二、三日地方をまわって帰ってきたとする。東京駅に降り立って、人ごみのなかに入っていく。行き交う人々にちらちら視線を走らせると、次々と殺気立った顔にぶつかる。まわりの雰囲気もなんとなくとげとげしい。

競争社会のなかに身を置いているとこうなるのであろうか。人間らしさが失われ、心もすさみ、狂悪な犯罪も増加していく。

文明が進むにつれて、マイナスの面も大きくなっていくのである。だからと言って、一度手に入れた便利さを簡単に手放すことはできない。だとすれば、文明の毒をなるべく少なくして、折り合いをつけていく以外にないということになる。

『老子』の思い描いた理想郷は、私どもにとって、あくまでも見果てぬ夢なのかもしれない。

# 第三章
# 俗を超えて、たくましく生きる

## 一、無用の用―「無」があるからこそ「有」がある―

三十輻《さんじっぷく》、一轂《いっこく》を同《おな》じうす。その無《む》に当《あ》たりて、車《くるま》の用《よう》あり。埴《つち》を埏《こ》ねて器《うつわ》を為《つく》る。その無《む》に当《あ》たりて、埴器《しょっき》の用《よう》あり。戸牖《こゆう》を鑿《うが》つ。その無《む》に当《あ》たりて、室《しつ》の用《よう》あり。故《ゆえ》に有《ゆう》の以《も》って利《り》を為《な》すは、無《む》の以《も》って用《よう》を為《な》せばなり。

▼三十輻同一轂。当其無、有車之用也。埏埴而為器。当其無、有埴器之用也。鑿戸牖。当其無、有室之用也。故有之以為利、無之以為用。（第十一章）

三十本の輻《や》を一つの轂《こしき》に差し込んで車輪を作る。轂のなかが虚《うつ》ろになっているからこそ、輪として使えるのである。粘土をこねて焼き物を作る。なかが虚ろだからこそ、物を容れることができるのである。戸口や窓をくりぬいて部屋を作る。

なかが虚ろだからこそ、部屋として使えるのである。このように物が役立っているのは、虚ろの部分、すなわち「無」の働きがあるからである。

＊輻　車輪の矢。三十輻は天子の乗る車だという。＊轂　矢を差し込んで軸を通すところ。「こしき」という。

## ◉無用なものほど役に立つ

「無」の効用である。「無」があるから「有」がある、「有」が「有」として成り立つためには、「無」がなければならないのだという。

この思想を一歩進めて「無用の用」を説いたのが、『老子』の教えを受け継いだ荘《そう》子《じ》である。荘子はこんな話を引いている。

――石《せき》という棟梁《とうりよう》が斉《せい》の国を旅したときのこと、ある所で巨大な櫟《くぬぎ》の木が神木として祀《まつ》られていた。その大きいこと、木陰に何千頭もの牛が憩うことができる。幹の太さは百抱え、高さは山を見下ろすほどだった。

この大木を一目でも見ようと、わざわざやって来る者がひきもきらず、あたりはさながら市場のにぎわいである。石の弟子たちも息を呑んで見入った。

ところが石は目もくれないで通りすぎてしまう。ようやく追いついた弟子たちが、「親方、今までこんな立派な材木を見たことがありません。それなのに目もくれようとされないのは、どういうわけですか」

と声をかけたところ、こう答えた。

「生意気なことを言うな。あの木はなんの役にも立ちはせん。舟をつくれば沈んでしまうし、棺桶をつくればたちまち腐ってしまう。あんなに成長できたのも、もとはと言えば、無用だからである」

さすがに棟梁だけあって見るべきところはしっかりと見ていたのだが、その棟梁が家に帰ってからのこと、夢に現われた櫟の霊に、こう言ってやりこめられたという。

「人も物も、みな有用であろうとして命を縮めている。だが、わしは違う。今まで一貫して無用であろうとつとめてきて、遂にそうなりきることができた。おまえのように、有用であろうとして命を縮めている者とはわけが違うのだ」

櫟の大木によれば、有用だったらとっくに切り倒されていた。無用だからこそこんなに長生きできたのだという。荘子はさらにこんな話を引いている。

——恵子《けいし》という論敵が荘子に向かってこう言った。

「きみの主張は現実にはなんの役にも立たんよ」

荘子が答えるには、

「私の言う無用の用がほんとうにわかってこそ、何が有用であるかがわかるんだ。例をあげよう。この大地は広大無辺な存在だが、われわれの使うのは、足を置くほんのわずかな部分にすぎない。だからと言って、今、足の寸法をはかり、その部分だけを残して、まわりの大地を深く掘り下げていったら、それでもわれわれの役に立つものだろうか」

「それでは使いものにならんよ」

荘子はすかさずやり返した。

「それ見ろ、これで無用の用のなんたるかがわかったろう」

## ◉有用性だけでは底が浅くなる

いささか強引な論法だが、言わんとすることはよくわかる。荘子はこんな話をいくつも引いて「無用の用」の効用を説いているのだが、そのあとで、

「人みな有用の用を知りて、無用の用を知るなきなり」

と嘆いている。

世の中の人々は有用性にばかり目を向けて、「無用の用」を理解してくれる人は少ないというのである。この嘆きは、『老子』にしても同じであったに違いない。

私どもの場合、とかく「有」、すなわち有用性にのみ目を向けがちである。むろん、「有」を軽視することは許されない。だが、「有」だけにとらわれていたのでは、どうしても一面的な見方になってしまう。

多面的な価値観を身につけるためには、「有」と並んで「無」の面にも目を向ける必要があるのではないか。

人間にしても、有用性だけを追い求めていると、どうしても底が浅くなる。仕事をやらせてみると明らかに有能なのだが、人間として何かが欠けているのである。こう

いう人はそれこそ「無用の用」にでも着目して、人間の幅を広げる必要がある。

このような「無用の用」の効用は、時間の物差しをあてれば、もっとはっきりする。今は有用でも、五年先にはまったく無用なものになっているかもしれない。逆に、今は無用でも、五年先、十年先の視野でとらえれば、有用なものに変わっていくものも少なくないはずである。そういうものに目をつけて育てる工夫をすれば、やがて大きな収穫が期待できるであろう。

それぞれの場で「無用の用」を発見することができれば、人生に新しい視界を開くことができるかもしれない。

## 二、曲《きょく》なれば則ち全《まった》し—身を屈すば生を全うする—

曲《きょく》なれば則《すなわ》ち全《まった》く、枉《おう》なれば則《すなわ》ち正《ただ》し。窪《わ》なれば則《すなわ》ち盈《み》ち、敝《へい》なれば則《すなわ》ち新《あら》たなり。少《すく》なければ則《すなわ》ち得《え》、多《おお》ければ則《すなわ》ち惑《まど》う。是《ここ》を以《も》って聖人《せいじん》は一《いち》を執《と》り、以《も》って天下《てんか》の牧《ぼく》となる。自《みずか》ら是《ぜ》とせず、故《ゆえ》に章《あきら》かなり。自《みずか》ら見《あらわ》さず、故《ゆえ》に明《あきら》かなり。自《みずか》ら伐《ほこ》らず、故《ゆえ》に功《こう》あり。矜《ほこ》らず、故《ゆえ》に能《よ》く長《ちょう》ず。それただ争《あらそ》わず、故《ゆえ》に能《よ》くこれと争《あらそ》うなし。古《いにしえ》の所謂《いわゆる》曲《きょく》なれば全《まった》しとは、幾語《きご》ならんや。誠《まこと》に全《まった》くしてこれに帰《かえ》る。

▼曲則全、枉則正。窪則盈、敝則新。少則得、多則惑。是以聖人執一、以為天下牧。不自是、故章。不自見、故明。不自伐、故有功。弗矜、故能長。夫唯不争、故莫能与之争。古之所謂曲全者、幾語哉。誠全帰之。（第二十二章）

曲がっているからこそ生命を全うすることができる。屈しているからこそ伸びることができる。窪んでいるからこそ水を満たすことができる。古びているからこそ新しい生命を宿すことができる。所有するものが少なければ得るものが多く、所有するものが多ければたちまち惑いが生じる。

「道」を体得した人物は、ひたすら「道」を守ることによって、理想の指導者になる。

自分を是としないから、かえって人から認められる。自分を誇示しないから、かえって人から立てられる。自分の功績を誇らないから、かえって人から称えられる。自分の才能を鼻にかけないから、かえって人から尊ばれる。人と争おうとしないから、争いを仕掛けてくる者もいない。

古人も「曲《きょく》なれば全《まつた》し」と語っているが、まったくそのとおりである。わが身を全うして「道」に帰ろうではないか。

## ◉「謙虚」と「卑屈」はどこが違うのか

「曲なれば則ち全し」、略して「曲全《きよくぜん》」は『老子』の処世哲学を代表することばの一つであって、身を屈して生きるからこそ、生を全うできるのだと言う。

『老子』は、直線的な生き方よりも曲線的な生き方をよしとする。おれがおれがとしゃしゃり出るよりも控え目に後からついていく生き方を好む。なぜなら、そのほうがより安全に目的を達することができるし、ふりかかってくる危険を避けることができるからであろう。

『荘子』にも、「直木《ちよくぼく》は先ず伐《き》られ、甘井《かんせい》は先ず竭《つ》く」という名言がある。

まっすぐな木は、よい材木がとれるので、まっ先に伐り倒され、おいしい水の出る井戸は、まっ先に飲み尽くされる。人間も、なまじ能力があると、その能力ゆえに早々と使いつぶされてしまうのだという。

これもまた『老子』と同じ思想から出たことばであることは言うまでもない。

『老子』の言う「曲全」はけっして女々しい敗北主義ではない。弱者がみずからの弱さを逆手にとることによって、しぶとく逆転を図る生き方である。考えようによっては、これほど図太い生き方はないであろう。

では、「曲全」を現実に生かすと、どんな生き方になるのか。それについてはこんな話がある。

――唐王朝の時代、婁師徳《ろうしとく》という名宰相がいた。西域の経略に活躍したうえ、学識も豊かで、包容力もあったらしい。

弟が地方の長官に任命されて赴任の挨拶にやってきたとき、こう言って戒めた。

「忍の一字を胸に秘めていくがよい。くれぐれも早まったことをしてはならんぞ」

弟のほうも心得たもので、

「はい、わかりました。人から唾を吐きかけられてもそっと拭きとればいいんですね」

と言ってうなずいたところ、師徳は声を荒らげてたしなめた。

「いや、ならん。唾を拭きとるのは、相手の怒りに逆らうことになる。そっとしておいて、自然に乾くのを待つがよい」

弟は、この忠告に従ったせいか、首尾よく任期を全うすることができたという。

これはあるいは極端な例であるかもしれない。いくら「曲全」が望ましいと言っても、ここまでいくと、卑屈に見えてくる。むろん『老子』もそれを望んでいるわけではない。

では、相手に逆らわず謙虚に振る舞いながら、卑屈にならないためには何が必要になるのか。まず自分なりの見識を養うこと、これだけは譲れないという一線を守ることである。そして、根本のところで意見の食い違いが生じたら、冷静に筋道を立て、なるべくやんわりとこちらの言い分を主張することが望まれるであろう。要するに、いつも「ハイ、ハイ」ではなく、時と場合によっては「ノー」と言える自分を確立することである。

## ◉「最初は下手《したて》に出て、相手の油断を誘う」したたかさ

「曲全」はまた、策略の有力な手法としても使われてきた。

たとえば『孫子』の兵法に、「始めは処女の如くにして、敵人、戸を開き、後には脱兎の如くにして、敵、拒《ふせ》ぐに及ばず」とある。

最初は処女のように振る舞って敵の油断を誘うことだ。そこを脱兎のような勢いで攻めたてれば、敵はどう頑張ったところで防ぎきることはできない、というのである。これなども「曲全」の応用と言ってよい。

強力な相手に、真っ正面から戦いを挑んでも勝ち目はない。そこでまず処女の如く装って相手を油断させるのである。むろん処女の如くと言っても、何もしないでじっとしているわけではない。その裏でさまざまな手だてを講じ謀略を駆使して、相手の戦力を弱体化させるのである。そのうえで、相手の油断を見すまして一気に叩くのだ。

ちなみにこの策略を成功させる鍵は、処女を装うさいの迫真の演技力にあることは言うまでもない。かくて「曲全」は、したたかな策略に転化するのである。

## 三、奪おうとするならまず与えよ

まさにこれを翕《ちぢ》めんと欲《ほっ》すれば、必《かなら》ず姑《しばら》くこれを張《は》る。まさにこれを弱《よわ》めんと欲《ほっ》すれば、必《かなら》ず姑《しばら》くこれを強《つよ》くす。まさにこれを去《さ》らんと欲《ほっ》すれば、必《かなら》ず姑《しばら》くこれに与《くみ》す。まさにこれを奪《うば》わんと欲《ほっ》すれば、必《かなら》ず姑《しばら》くこれに予《あた》う。これを微明《びめい》と謂《い》う。柔弱《じゅうじゃく》は強《きょう》に勝《か》つ。魚《さかな》は淵《ふち》より脱《だつ》すべからず。邦《くに》の利器《りき》は以《も》って人《ひと》に示《しめ》すべからず。

▼将欲翕之、必姑張之。将欲弱之、必姑強之。将欲去之、必姑与之。将欲奪之、必姑予之。是謂微明。柔弱勝強。魚不可脱于淵。邦利器不可以示人。（第三十六章）

縮めようとするなら、まず伸ばしてやる。弱めようとするなら、まず強くしてやる。追い出そうとするなら、まず味方に引き入れる。奪おうとするなら、まず与えてやる。これが底知れぬ知恵というものだ。だからこそ柔弱なものが強いものに勝つのである。

魚は、水から飛び出したら生きられない。それと同じように、国を治める要諦《ようてい》も人に示さず、胸中深く秘めておかなければならない。

---

## ◉権謀術数にはめられないために

「奪おうとするなら、まず与えよ」だという。まことにしたたかな駆け引きではないか。駆け引きはまた権謀術数と言ってもよい。

私ども日本人は、こういう権謀術数を包み込んだ戦略思考を苦手としてきた。真面目すぎて使いこなせないのかもしれない。これでは、波荒い国際社会を生き抜いていくうえで、なんとも心細いではないか。

たしかに駆け引きとか権謀術数というのは、やたらこちらから使えば、どうしてもイメージが悪くなる。とくに誠意とか誠実を重視するこの社会では、へたにそういうものを使えば、「汚い」とか「えげつない」として非難されることが多い。さらには信頼関係をそこなって、仕事にさしさわりの出てくる恐れもある。こちらから使う場合は、よほど慎重にしなければならない。

問題は相手から仕掛けられた場合である。簡単にはめられてしまうようでは困るのである。

今、政治であれ、経済であれ、どんな仕事も国際的である。アメリカにしても中国にしても、どんどん仕掛けてくるではないか。これにはまってしまうようでは、無為無策の非難を免れない。

では、相手の仕掛けを跳ね返していくためにはどうすればよいのか。こちらも駆け引きや権謀術数の手口くらいは心得ていて、必要とあればいつでも使えるようにしておかなければならない。

世界の国々はいずれも海千山千である。そのなかで伍していくためには、むろん、誠意や誠実も大切であるが、これだけでは心許ない。それと同時に、駆け引きや権謀術数の基本は心得ておく必要がある。これを軽視することは許されないのである。

ただし、権謀術数というのは、使い方を誤ると、ブーメランのように自分に跳ね返ってくる恐れがある。だから、使うさいにはよほど慎重であることが望まれるのだ。できれば伝家の宝刀として鞘《さや》に収めておくのが最善の策になるかもしれない。

## ◉部下を使いこなすコツ

さて、この章の結びのくだり、「国を治める要諦《ようてい》も人に示さず、胸中深く秘めておかなければならない」であるが、「国を治める要諦」の原文は「邦《くに》の利器」である。「利器」とは具体的に何を指しているのか。

ある意味で『老子』の統治理論を発展させ、それを肉付けして示してくれたのが、戦国末期の思想家・韓非子《かんぴし》である。その韓非子によれば、君主が国を治めていくうえで必要不可欠なのが、「法」と「術」の二つなのだという。

「法」とは、読んで字の如く、法律のことである。明文化して部下や国民に示しておき、違反した者には、びしびし罰則を適用して処断するのだという。

もう一つの「術」は、「法」のように明文化したものではなく、君主がみずからの腹のなかにしまっておいて部下を統制するもの。今で言うノウハウのようなものであるらしい。

『老子』の言う「利器」とは、具体的にはこの「術」を指しているのである。

では、「術」とは何か。その内容を吟味してみると、次の二つのことが含まれている。

第一は、賞罰の権限を握ってはなさないこと。現代の企業で言えば、人事権ということになろうか。これさえ握っていれば、部下を思いのままに使いこなすことができるのだという。

第二は、勤務評定である。これは賞罰を行使する前提となるものであることは言うまでもない。これをしっかり行なうことも、部下を使いこなすコツなのだという。

この「術」こそ、韓非子流の統治理論の根幹をなしており、その元をたどると『老子』の統治理論に行き着くのである。そしてそれは『老子』の説く権謀術数の延長線上に位置していると言ってよい。

## 四、「不争《ふそう》の徳」―人使いの名人は、常にへりくだる―

故《ゆえ》に善《よ》く士《し》たる者《もの》は武《ぶ》ならず。善《よ》く戦《たたか》う者《もの》は怒《いか》らず。善《よ》く敵《てき》に勝《か》つ者《もの》は与《あらそ》わず。善《よ》く人《ひと》を用《もち》うる者《もの》はこれが下《しも》となる。これを不争《ふそう》の徳《とく》と謂《い》い、これを人《ひと》を用《もち》うると謂《い》い、これを天《てん》に配《はい》すと謂《い》う。古《いにしえ》の極《きょく》なり。

▼故善為士者不武。善戦者不怒。善勝敵者弗与。善用人者為之下。是謂不争之徳、是謂用人、是謂配天。古之極也。（第六十八章）

すぐれた指揮官は、武力を乱用しない。戦巧者は、感情にかられて行動しない。勝つことの名人は、力ずくの対決に走らない。人使いの名人は、相手の下手《したて》に出る。これを「不争《ふそう》の徳」という。これは人を活かすやり方であり、天の意志にもかなっている。これこそ「道」に則《のっと》ったやり方に他ならない。

## ◉「兵《へい》を窮《きわ》め武《ぶ》を黷《けが》す」

「道」を体得した人物は、国と国との関係にしても、人と人との関係にしても、みだりに事を構えないのだという。先に「上善は水の如し」ということばが出てきたが（二四ページ）、この章で語られていることは、その延長線上にある。それにしても「不争の徳」ということばがいいではないか。

ただし、武力というのは持っていると、行使したいという誘惑にかられるものであるようだ。それを抑制するのは容易なことではない。アメリカや中国のやり方を見ていると、そのことが思われるのである。

アメリカはこれまで唯一の強大国として、世界のリーダー役をつとめてきた。だが、とかく力に訴え、武力で解決しようとする姿勢が顕著である。対イラク然《しか》り、対アフガン然りではないか。近年、台頭著しい中国にしても、同じ姿勢が際立っている。これは長い目で見ると、世界の人々の支持を得るゆえんではない。強大国ほど『老子』の「不争の徳」に学んでほしいものである。

歴史を紐《ひも》解いてみると、名君と呼ばれた人はいずれもこの「不争の徳」を心がけてきた。それについては、たとえばこんな話がある。

唐《とう》の時代のこと、今のベトナムのあたりに林邑《りんゆう》という国があった。朝貢はしてくるものの、口上が横柄だったので、臣下のなかから討伐の議が起こった。しかし、時の皇帝・太宗《たいそう》（李世民《りせいみん》）は、

「兵は凶器である。万やむを得ざるときに用いるものだ。後漢の光武帝も、一度軍を動員するごとに、頭がまっ白になると語っている。古来、兵をもてあそんだ者は、いずれも滅んだ。軽々しく兵を動員するなど、もっての外のこと。かの国の使者の口上に、いささか穏当ならざる表現があったとしても、捨ておけばよい」

と言って、遠征軍を送ろうとしなかったという。

唐の太宗は、中国の歴史のなかで屈指の名君だとされているが、そういう評価には軍事行動に禁欲的であったこういう姿勢も、あずかっていたのかもしれない。

唐の太宗と違って、しきりに軍事行動を起こし、その評価に大きな汚点を残したのが、漢の武帝だった。

この人も「雄才大略」と評されているように、スケールの大きいトップであったらしい。だが、南に北に、毎年のように大規模な軍事行動を起こし、その結果、国家財

政の破綻を招いて、後の史家から「窮兵黷武《きゅうへいとくぶ》」と批判されている。「兵《へい》を窮《きわ》め武《ぶ》を黷《けが》す」、すなわち武力を乱用し武徳を汚《けが》したというのである。

近い例をあげれば、近代の日本である。欧米諸国の重圧のなかで、めざましい躍進を遂げたものの、あまりにも軍事力に偏《かたよ》りすぎた結果、その重さに押しつぶされるようなかたちで自滅したことは、なお記憶に新しい。

だからと言って、一部の平和論者が言うように、軍事力など必要でないというわけではない。抑止力や防衛力としての備えが必要なことは、『老子』も認めているのである。ただし、その行使に際しては、くれぐれも慎重に、ということであるに違いない。現実を直視すると、そうならざるを得ないのである。

## ◉有能なリーダーは相手の下手に出る

同じことは、人と人との関係についてもあてはまるであろう。とくに上司として部下を使う場合である。『老子』は「人使いの名人は、相手の下手《したて》に出る」と語っているが、このことばをよく味わってほしい。

上司というのは、もともと部下に対してそれなりの権力を握っている立場である。

部下としては、上司の言うことに少々無理があっても、ご無理ごもっともで、従わざるを得ない。そのうえ、さらに力を誇示して臨んだりしたのでは、反発を買うのがオチである。へたをすると、面従腹背ともなりかねないであろう。これについては『呻《しん》吟語《ぎんご》』のアドバイスが参考になるかもしれない。

「掩護《えんご》するは攻《せ》むるなかれ。屈服するは怒るなかれ。これ威を用うる者のまさに知るべき所なり」

人に知られたくないと思っている秘密は、ことさら暴きたててはならない。非を認めている相手に対しては、怒りをぶちまけてはならない。これは相手に力で臨む者が心得ていなければならないことだというのである。

まさに実践的なアドバイスではないか。

## 五、自らの愚を知り、孤独に生きる

唯《い》と呵《か》と、その相《あい》去《さ》ること幾何《いくばく》ぞ。美《び》と悪《お》と、その相《あい》去《さ》ること何若《いかん》。人《ひと》の畏《おそ》るる所《ところ》は、亦《また》以《も》って畏《おそ》れざるべからず。荒《こう》としてそれいまだ央《つ》きざるかな。衆人《しゅうじん》は熙《き》熙《き》として大牢《たいろう》を饗《きょう》して、春《はる》、台《だい》に登《のぼ》るが若《ごと》し。我《われ》、泊《はく》焉《えん》としていまだ兆《きざ》さず、嬰児《えいじ》のいまだ咳《がい》せざるが若《ごと》し。累《るい》として帰《かえ》る所《ところ》なきに似《に》たり。衆人《しゅうじん》は皆余《みなあま》りあり、我《われ》独《ひと》り遺《すて》る。我《われ》は愚人《ぐじん》の心《こころ》なり。惷惷《しゅんしゅん》たり。俗人《ぞくじん》は昭《しょう》昭《しょう》たり、我独《われひと》り昏《こん》なるが若《ごと》し。俗人《ぞくじん》は察察《さつさつ》たり、我独《われひと》り閔閔《びんびん》たり。淴《こつ》としてそれ海《うみ》の若《ごと》し、洸《こう》として止《とど》まる

所《ところ》なきが若《ごと》し。衆人《しゅうじん》は皆以《みなもち》うることありて、我独《われひと》り頑《がん》にして以《も》って鄙《ひ》なり。吾独《われひと》り人《ひと》に異《こと》なりて、母《はは》に食《やしな》わるるを貴《たっと》ばんと欲《ほっ》す。

▼唯与呵、其相去幾何。美与悪、其相去何若。人之所畏、亦不可以不畏。荒呵、其未央哉。衆人熙熙、若饗于大牢、而春登台。我泊焉未兆、若嬰児未咳。累呵、似無所帰。衆人皆有余、我独遺。我愚人之心也。惷惷呵。俗人昭昭、我独若昏呵。俗人察察、我独閔閔呵。滵呵其若海、洸呵若無所止。衆人皆有以、我独頑以鄙。吾欲独異于人、而貴食母。
（第二十章）

「はい」と「うん」とに、どれほどの違いがあるというのか。善と悪とに、どれほどの違いがあるというのか。人さまが恐れるから私も恐れる、これではどこまで行ってもキリがない。

人々は、花見の酒盛りのようにご馳走を食べて浮かれ騒いでいる。だが、私だけは、笑う術《すべ》さえ知らない赤ん坊のように静まり返り、帰る当てもないようにしょんぼりしている。人々は満ち足りているが、私だけは違っている。

私の心は愚者の心、なに一つ分別がつかない。人々はなんでも知っているのに、私だけはなにも知らない。人々は素晴らしい判断力をそなえているのに、私は白も黒も区別がつかない。

ゆらゆらとたゆとう海、あてどなく吹きすぎる風、それが私なのだ。人々はみんな有能なのに、私だけは愚かで野暮ったい。私は独り人々から離れて、母なる「道」の懐に抱かれたい。
＊大牢　牛、羊、豚のそろったご馳走。

## ◉バカになるのはむずかしい

『老子』の作者が誰なのかはわからない。『史記』ですら、老聃《ろうたん》以下何人もの候補をあげたあとで、「ほんとうのことはよくわからない」と、匙《さじ》を投げている。

では、今に伝えられる『老子』という本は、どんな経緯《けいい》でまとめられたのか。たぶん戦国時代の百数十年のあいだに、思想を同じくする不特定多数の人々の手が加わって、今のようなものができたのだとされている。もしそうだとしても、誰か知らないが、もともとの作者がいたのではないか、という疑問も湧《わ》いてくる。そんな人物として、老聃もしくはそれに近いような人物を想定したとしても、おかしくはないかもしれない。

その人物を仮に老子と呼ぶことにしよう。この章は珍しいことに、その老子なる人物の独白の体裁をとっている。

時は戦国乱世であったから、戦争のやむことはなかった。しかし、あの大陸の全部がつねに戦争に巻き込まれていたわけではなく、戦乱の及ばなかった多くの村落共同体では、いつもと変わりない平和な生活が営まれていたことは想像に難くない。

春になると種を播《ま》き、秋になると刈り入れる。村には市が立ち、祭りが行なわれる。こんな営みが繰り返されていく。

老子もむろんその輪のなかにいるのだが、かれの眼はおそろしく醒《さ》めていて、人々と楽しみを共にすることはできない。かと言って、異を唱えるわけでもない。世俗のなかにゆったりと自然体で立ちながら、その姿には深い孤独と憂愁が影を落としている。老子はみずから、「我は愚人の心なり」と語っている。

ここで言う「愚」とは、もちろん「知」以前の「愚」ではない。「知」の限界を悟った「愚」である。あるいは「知」を突き抜けた「愚」と言ってもよい。

かつて政治の嵐が吹きすさんでいたころの中国で、「難得糊塗」という四字句の拓本が引っ張りだこになったことがある。清代の文人鄭板橋《ていばんきょう》の作だと伝えられるが、しいて訳せば、「バカになるのはむずかしい」といった意味になる。

この、なるのがむずかしいバカになりきった姿が、老子だと言えないこともない。老子は庶民の世界に身を置いてはいるが、ただの庶民ではない。むしろ大知識人と言ってよいだろう。だから、飲んで食べてその日を過ごしている庶民とのあいだには越えがたい溝があり、そこから孤独と憂愁が生まれてくるのである。

## ◉孤独を貫き通す精神力

『論語』には世を捨てた隠者が何人も登場して、孔子と応接を交わしている。たとえば、こうである。

――接輿《せつよ》と呼ばれる楚《そ》の変人が、歌をうたいながら、孔子の車の前を通りすぎた。

「鳳《ほう》よ、鳳よ、
徳のすたれた世の中に、迷い出るとはどうしたことだ。

昔の夢を追ってはならぬ、明日という日に備えることだ。おやめなさい、おやめなさい、政治に手を出すときじゃない」

孔子は車からおりて声をかけようとした。しかし、接輿は孔子を避けるように逃げ去ってしまい、共に語り合うことはできなかった。

——孔子が衛《えい》の国に滞在中のこと、磬《けい》という楽器を打っていると、モッコをかついだ男が門前を通りかかった。男は磬の音に耳を傾けていたが、やがて、

「なにか意味ありげな音だな」

そうつぶやいたが、しばらくすると、また言った。

「なんだ、つまらん。不満を訴えているだけではないか。認められないなら、身を隠せばいいんだ。歌の文句にも〝深い河なら裸《はだか》で渡れ、浅い河なら裾《すそ》をからげて〟とあるではないか」

老子なる人物も、こういう隠者の系列のなかにある。隠者の生き方は一見気楽そうに思われないでもないが、必ずしもそうではなかった。孤独な生き方を貫き通すためには、よほど強い精神力を必要とするのである。

## 六、『道』とは大きなものだが、どこかバカげている

天下《てんか》皆《みな》、我《われ》を大《だい》なり、大《だい》なれども不肖《ふしょう》なりと謂《い》う。それ唯《ただ》不肖《ふしょう》なり、故《ゆえ》に能《よ》く大《だい》なり。若《も》し肖《しょう》なれば、久《ひさ》しいかなその細《さい》なること。我恒《われつね》に三宝《さんぽう》あり、持《じ》してこれを宝《たから》とす。一《いち》に曰《いわ》く、慈《じ》。二《に》に曰《いわ》く、倹《けん》。三《さん》に曰《いわ》く、敢《あえ》て天下《てんか》の先《せん》たらず。それ慈《じ》なり、故《ゆえ》に能《よ》く勇《ゆう》なり。倹《けん》なり、故《ゆえ》に能《よ》く広《ひろ》し。敢《あえ》て天下《てんか》の先《せん》たらず、故《ゆえ》に能《よ》く成事《せいじ》の長《ちょう》となる。今《いま》その慈《じ》を舎《す》ててまさに勇《ゆう》ならんとし、その倹《けん》を舎《す》ててまさに広《ひろ》からんとし、その后《うしろ》を舎《す》ててまさに先《さき》んぜんとすれば、則《すなわ》ち死《し》せん。それ慈《じ》

は、以《も》って戦《たたか》えば則《すなわ》ち勝《か》ち、以《も》って守《まも》れば則《すなわ》ち固《かた》し。天まさにこれを建てんとすれば、慈《じ》を以《も》ってこれを垣《まも》るが如《ごと》し。

▼天下皆謂、我大、大而不肖。夫唯不肖、故能大。若肖、久矣其細也夫。我恒有三宝、持而宝之。一曰、慈。二曰、倹。三曰、不敢為天下先。夫慈、故能勇。倹、故能広。不敢為天下先、故能為成事長。今舎其慈且勇、舎其倹且広、舎其后且先、則死矣。夫慈、以戦則勝、以守則固。天将建之、如以慈垣之。（第六十七章）

「『道』とは大きなものだが、どこかバカげている」、人々は口をそろえてこう語る。だが、バカげているから大きいのである。そうでなかったら、とっくに消えてなくなっていたに違いない。

この「道」、すなわち私は、三つの宝を持っている。

第一は、人を慈《いつく》しむこと。第二は、生活を切り詰めること。第三は、人々の先頭に立たないことである。人々を慈しむからこそ、勇気が湧いてくる。生活を切り詰めるからこそ、困っている人に施すことができる。人々の先頭に立たないからこそ、逆に指導者としてかつがれるのである。

慈しむ心を忘れて勇気だけを誇示し、生活を切り詰めもしないで施そうとし、退くことを忘れて先頭に立つことだけ考えたら、どうなるか。破滅あるのみだ。

慈しみの心を持った者は、戦えば必ず勝ち、守ればつけ入る隙を与えない。慈しみの心とは、万物を庇護する天の心でもある。

＊不肖　愚か者のこと。

## ◉「道」が保持している三つの宝

「私」とは、「道」がみずからを擬人化して語っているのである。その「道」は三つの宝を持っていると言うのだが、それはとりもなおさず「道」を体得した人物がこの世の中を生きていくうえでの基本原則ということでもある。そしてこれはリーダーに望まれる三つの資質でもある。

第一は、「慈」である。

「慈」という漢字は、「いつくしむ」と読ませる。つまりは、愛情をもっていたわること、思いやりの心と解してもよい。

これですぐに思い出されるのが、孔子、孟子など儒家の主張した「仁」である。「仁」もまた愛情とか思いやりを意味している。

ところが、この「仁」を猛然と批判したのが、墨子《ぼくし》という思想家だった。墨子によれば、儒家の主張する「仁」は、まず身内に適用し、そのあとで他人に及ぼしていこうとするもので、つまりは身内と他人を区別する差別愛だというのである。

孔子、孟子のもともとの意図はそうでなかったかもしれないが、現実にはそのように機能してきた節がある。たとえば、同じ儒教圏だとされる中国大陸や朝鮮半島の人々である。身内の人間は大切にするが、赤の他人に対してはいたって冷淡だといわれる。「仁」の射程距離は、意外に短いのである。

墨子は、そのあたりを鋭く嗅ぎとって、儒家の「仁」を差別愛だと批判し、みずから無差別平等の愛を主張し、それを「兼愛」と名づけた。

そういう背景を考えると、『老子』がここで言う「慈」は、儒家が主張した「仁」よりも、むしろ墨子の唱えた「兼愛」に近いかもしれない。

いずれにしても、上に立つ者にこの「慈」が欠けていたのでは、下の者や周りの者の支持が得られないのは、自明のことである。

第二は、「倹」である。

「倹」の反対が「侈《し》」である。「侈」とは、浪費とか奢侈という意味である。してみると、「倹」とは、倹約とか節約、質素ということになる。

なぜ「倹」が重視されるのか。

「侈」であったのでは、どんなに豊かでも、いずれ破綻を免れない。そうなると、せっかく「慈」の心があっても、それを実行する手だてがなくなってしまう。その点、「倹」であれば、心はいつも安らかで財政にも余裕があるので、「慈」の実行も容易になるということであろう。

ただし、「倹」だからといって必ずしもケチを意味しないことは言うまでもない。

徳川家康という人は、相当な倹約家（しまり屋）であったらしく、当時の人々から「あの人はケチだ」と評判されていた。これについて、『武道初心集』の著者・大道寺《だいどうじ》友山《ゆうざん》が次のように弁護している。

「世の中には、倹約とケチと無駄づかいの三種類があるが、このなかで、倹約とケチとは非常にまぎらわしい。その区別をどこでつけるかと言うと、倹約は、ふだんはケチと同様に勘定高く細かいが、使うべきときには惜しまずに使う。これに対し、ケチは、いざというときでも、ふだんと同じように出し惜しみをする。そこに大きな違いがある。家康公は倹約家ではあるが、決してケチではない」

倹約家であったからこそ天下人にもなれたということであろう。

## ◉「敢て天下の先たらず」

さて、第三は、「敢て天下の先たらず」である。

「先頭に立つな」、「しゃしゃり出るな」とは、これまでも『老子』が繰り返し説いてきたところである。なぜだろうか。日本にも「出る杭は打たれる」という諺があるではないか。へたに先頭に立つと、敵から狙い撃ちされたり、味方から足を引っ張られたりして、つぶされてしまう可能性が大きい。そんな危険は冒すなということであろう。現に、へたな策を弄したり、変な工作をしたりして上まで昇りつめた人ほど、終わりをよくしないケースが多いように思われる。では、どうすればよいのか。

まずは人のいやがるような部署でじっくりと実力を蓄えることである。それが認められて上の地位に引き上げられたら、そのときこそ実力を発揮して期待に応えたい。これなら『老子』の目指した理想のリーダー像に近づくことができるかもしれない。

# 第四章

# 人に振り回されず、成功をめざす

# 一、大方《たいほう》は隅《ぐう》なし。大器は晩成す

上士《じょうし》は道《みち》を聞《き》いては勤《つと》めて能《よ》くこれを行《おこ》なう。中士《ちゅうし》は道《みち》を聞《き》いては存《そん》するが若《ごと》く亡《ぼう》するが若《ごと》し。下士《かし》は道《みち》を聞《き》いては大《おお》いにこれを笑《わら》う。笑《わら》わざれば、以《も》って道《みち》となすに足《た》らず。是《ここ》を以《も》って建言《けんげん》にこれあり、曰《いわ》く、明《めい》道《どう》は昧《くら》きが如《ごと》し。進道《しんどう》は退《しりぞ》くが如《ごと》し。夷道《いどう》は纇《らい》の如《ごと》し。上徳《じょうとく》は谷《たに》の如《ごと》し。大白《たいはく》は辱《けが》るるが如《ごと》し。広徳《こうとく》は足《た》らざるが如《ごと》し。建徳《けんとく》は婾《かりそめ》なるが如《ごと》し。質真《しっしん》は渝《かわ》るが如《ごと》し。大方《たいほう》は隅《ぐう》なし。大器《たいき》は晩成《ばんせい》す。大音《たいおん》は希声《きせい》なり。大象《たいしょう》は無形《むけい》なり。道《みち》は褒《さか》んにして名《な》なし。それ唯道《ただみち》は、善《よ》

く始《はじ》め且《か》つ善《よ》く成《な》す。

▼上士聞道、勤能行之。中士聞道、若存若亡。下士聞道、大笑之。弗笑不足以為道。是以建言有之、曰、明道如昧。進道如退。夷道如纇。上徳如谷。大白如辱。広徳如不足。建徳如偸。質真如渝。大方無隅。大器晩成。大音希声。大象無形。道褒無名。夫唯道、善始且善成。（第四十一章）

「道」について教えられると、すぐれた人物は即座に実行する。だが、中程度の人間は半信半疑であり、つまらぬ人間は腹をかかえて笑い出す。そんな連中の物笑いになってこそ、初めて「道」だと言えるのである。

古人もこう語っている。

「ほんとうに明るい道は暗く見える。ほんとうに前進している道は後退しているように見える。ほんとうに平らな道は険しいように見える。すぐれた徳は谷のように虚《うつ》ろに見える。純白なものは汚れているように見える。広大な徳はどこか欠けているように見える。堅固な徳はどこか頼りないように見える。質実な徳はどことなく節操がないように見える。このうえなく大きい四角は角ばって見えない。このうえなく大きい器は完成するのもまた遅い。また、このうえなく大きい音は

**耳で聞きとることができないし、このうえなく大きい形は目で見ることができない。『道』は途方もなく大きいので名前のつけようがない」**

**要するに、「道」は万物を生み、万物を育《はぐく》む根源なのである。**

### ◉「真理」ほどどこか欠けているように見える

私なども含めて、俗の世界に生きている者にとっては、『老子』の説く「道」はやはりわかりにくい。腹をかかえて笑い出すことはないにしても、あると言われればあるような、ないと言われればないような、そんな気がしてくるのである。『老子』から見れば、これは「下士」よりもましだが、せいぜい「中士」のレベルだということになる。

そこで『老子』は古人のことばを借りながら、あらためて「道」のありようを説明しているのである。

これらの説明で目立っているのは、逆説のような表現である。これはもともと『老子』の得意とするところであるが、われら俗の世界で生きている者にはいよいよもってわかりにくいところがある。

もともと『老子』の言う「道」とは、形もなく音もないので、目で見ることもできないし、耳で聞くこともできない、漠とした存在である。だから、頭で理解しようとしても理解できず、心で悟るよりないのかもしれない。

そのことを念頭におきながら、この章では「徳」に関することばが三つも出てくるので、まず、それを検討してみよう。

「上徳は谷の如し」

「広徳は足らざるが如し」

「建徳は婨《かりそめ》なるが如し」

徳の上につけられている「上」、「広」、「建」の形容詞は、ほとんどニュアンスの違いで、「上徳」と言い「広徳」と言い、はたまた「建徳」と言っても、意味に大きな違いがあるわけではない。そしてこれらの「徳」とは、言うまでもなく、「道」の持っている徳を指している。

この「徳」についても、これまでしばしばとりあげてきた。念のためその内容をあげてみると、謙虚、柔軟、柔弱、無為、質朴、無心、無欲などから成っている。

ちなみに孔子、孟子の儒家は、重要な徳目として仁、義、礼、智、信などをあげているが、両者の重視する「徳」にはかなり大きなズレがあると言ってよい。

さて、『老子』であるが、これらの「徳」について、

谷の如し――谷のように虚《うつ》ろに見える

足らざるが如し――どこか欠けているように見える

媮《かりそめ》なるが如し――どこか頼りないように見える

と語っているのだが、これもまたわかるようでよくわからない。内容よりも、むしろイメージの問題なのかもしれない。ということは、あらゆるものを柔らかく包み込んでいく、ぼやぼやっとした大きさということであろうか。これが「徳」に対して抱いていた『老子』のイメージであったように思われるのである。

## ◉「大器晩成」、二つの条件

ところで、この章でよく知られているのが、次の二つのことばである。

「大方は隅《ぐう》なし」「大器は晩成す」

とくに後者は「大器晩成」の四字句として、今でもよく不遇な人物を励ますときな

どに使われている。

思うに「大器」というのは、せっかくそれらしい素質をもって生まれてきても、それを完成させるためには、二つの条件を必要とするのではないか。

一つは、時間的条件である。『老子』も言うように、拙速では無理であって、ある程度時間をかけて熟成しなければならない。もう一つは、地理的条件である。せせこましい所で育ったのでは無理であって、空間の広がりも欠かせないであろう。

この二つの条件を欠いたのでは、せっかく素質に恵まれても、未完の大器に終わってしまうかもしれない。その点、日本はどうだろうか。

変化に富んだ景観、緑の多さ、四季折々の変化など、自然には恵まれている。だが、いかにも狭い。それに、大都会で生活していると、時間があわただしく過ぎていく。こういう所に身を置いていると、目端のきく人間は出てくるかもしれないが、大器は育ちにくいように思われる。

ただし、近年、交通や通信の発達によって世界中が狭くなった。大器が育ちにくいのは日本だけではなく、世界中どこでもそうなっているのかもしれない。

## 二、自ら知る者は明なり

人《ひと》を知《し》る者《もの》は智《ち》なり。自《みずか》ら知《し》る者《もの》は明《めい》なり。人《ひと》に勝《か》つ者《もの》は力《ちから》あり。自《みずか》ら勝《か》つ者《もの》は強《つよ》し。足《た》るを知《し》る者《もの》は富《と》めり。強《し》いて行《おこ》なう者《もの》は志《こころざし》あり。その所《ところ》を失《うしな》わざる者《もの》は久《ひさ》し。死《し》して忘《わす》れざる者《もの》は寿《いのちなが》し。

▼知人者智也。自知者明也。勝人者有力也。自勝者強也。知足者富也。強行者有志也。不失其所者久也。死而不忘者寿也。（第三十三章）

人を知る者はせいぜい智者のレベルにすぎない。自分を知る者こそ明知の人である。人に勝つ者はせいぜい力があるといった程度にすぎない。自分に勝つ者こそほんとうの強者である。満足することを知る者こそ富者である。あくまでも「道」を実行する者こそ志を持った人物である。無為を守ってあるがままに生きる者こそ長命であり、死してなお恩沢を残す者こそ永遠に生きるのである。

## ◉「彼を知り己を知れば、百戦して殆《あや》うからず」

人を知ることは、むろんむずかしい。しかし、それよりももっとむずかしいのは、自分を知ることだと言われる。

『孫子』の兵法の名言に、「彼を知り己を知れば、百戦して殆《あや》うからず」とある。これは武器をとった戦いだけではなく、この厳しい現実を生きていくうえでも、欠くべからざる大前提となることは言うまでもない。

『老子』によれば、人を知るには「智」が、自分を知るには「明」が必要になるのだという。「智」も「明」も洞察力といった意味だが、当然のことながら、「明」のほうが「智」よりもレベルが高いということになる。

では、これらの洞察力を身につけるにはどうすればよいのか。

『老子』によれば、「道」を体得し、「道」に則《のっと》ればよいということになる。「道」という根源の存在に則ることができれば、人間も含めて、この地球上のすべてのものの営みを把握することができるのだという。

しかしこれは、私どもにとって遥《はる》かな目標としてある。もっと手前のところで洞察力を身につける方法はないのか。

「智」にしても「明」にしても、もって生まれたその人の素質が関係してくる。これは否定できない。その素質に磨きをかけていくためには、次の二つのことが必要になる。

第一は、古典や歴史の本を紐解くことである。古典、なかんずく中国古典は人間学の宝庫であり、歴史の本はいわばその事例集と言ってよい。これらの本を読むことによって、人間に対する理解を深めることができる。

第二は、毎日の生活や仕事のなかで、実際の経験を通して学ぶことである。本をいくら読んでもそれだけではダメ、生きた知恵として働いてこない。そこで必要になるのが実践体験である。人と人との付き合いのなかで、ときには見損じの失敗をしながら、経験を積むことによって自分の眼を磨いていきたい。

そう言えば、孔子もこの「明」についてふれている。あるとき、弟子の一人から「明とはどういうことですか」と聞かれて、こう答えている。

「浸潤《しんじゅん》の譖《そし》り、膚受《ふじゅ》の愬《うった》え、行なわれざるは、明《めい》と謂《い》うべきのみ」

水がじわじわと浸みこんでいくような讒言《ざんげん》、ほこりがぴたぴたと肌に染みついていくような中傷、そういうたぐいのものにも心を惑わされないのが「明」と言ってよいのだという。

あからさまな非難や中傷なら、「明」などなくても見抜けるが、わかりにくい非難や中傷を見破るためには、なんとしてもこの「明」が必要になるのである。そういう意味では、「明」もまた上に立つ者の条件と言ってよいかもしれない。

とりあえずは、今述べた方法で「智」や「明」に磨きをかけ、やがてそういう努力を突き抜けて「道」に到達する。これなら『老子』の説くところに近づくことができるであろう。

## ◉己に勝つにはどうすればよいか

さて、次は「人に勝つ者は力あり。自ら勝つ者は強し」である。

これも先ほどの「知る」ことと同じ文脈のなかにある。人に勝つためには、力があれば十分であって、これはまだやさしい。

むずかしいのは己に勝つことであって、そのためには「強」でなければならないのだという。

では、「強」とはどういうことなのか。むろん、たんに「力がある」といった意味ではない。この場合の「強」とは「道」と一体化した状態を指している。

「道」と一体化すれば、なぜ「強」なのか。これについては、すでにさまざまな角度からとりあげてきたが、あらためてまとめてみると、次のようなことである。

一、見たところ柔弱ではあるが、実はそのなかにものすごいエネルギーを秘めている。しかも、その力を誇示することはない

一、相手の出方に応じて、いかようにもこちらの対応を変えていく。しかも、自分の主体性を失うことはない

一、清も濁もあるがままに受け入れる大きさを持っている。相手を見て分け隔てすることはない

なるほど、これなら天下無敵であって、己に勝つこともできるに違いない。

## 三、自分から立たず、人から立てられる

天《てん》は長《なが》く、地《ち》は久《ひさ》し。天地《てんち》の能《よ》く長《なが》く且《か》つ久《ひさ》しき所以《ゆえん》の者《もの》は、その自《みずか》ら生《い》きざるを以《も》ってなり。故《ゆえ》に能《よ》く長《ちょう》生《せい》す。是《ここ》を以《も》って聖人《せいじん》はその身《み》を退《しりぞ》けて身先《みさき》んじ、その身《み》を外《そと》にして身存《みそん》す。その私《わたくし》なきを以《も》ってにあらずや。故《ゆえ》に能《よ》くその私《わたくし》を成《な》す。

▼天長、地久。天地之所以能長且久者、以其不自生也。故能長生。是以聖人退其身而身先、外其身而身存。不以其無私与。故能成其私。（第七章）

天も地も永遠に続いていく。なぜか。自分のために生きようとしないからである。だから、永遠の生命を与えられるのだ。

「道」を体得した人物も同様である。自分から先に立たないので、かえって人から

**立てられる。自分を度外視してかかるので、かえって人から重んじられる。自分を捨ててかかるので、かえって自分を生かすことができるのだ。**

## ◉私欲で動くと争いが生ずる

「その身を退けて身先んず」——自分から先に立たないので、かえって人から立てられるとは、これまた『老子』の処世哲学を代表することばの一つである。

むろん、先に立たないのは、たんなる謙譲の美徳ではない。そのほうが身の危険を避けることができるばかりでなく、やがて人から立ててもらえるという確かな計算があってのことなのだ。そのあたりに『老子』のしぶとさがあると言ってよい。

ところで、自分を生かすためには無私、無欲に徹せよ、というのだが、頭では理解できても、いざ実行しようとすると、なんとむずかしいことか。

いつの時代でも、現実は常に私心や私欲のぶつかり合いである。私はなるべくその圏外に身を置きたいと願ってきたが、それでも自分なりの私心や私欲を捨て切れないで困っている。そのためには、たぶん大いなる達観を必要とするのかもしれない。

ただ言えることは、私心や私欲が勝ちすぎると、相手も敏感にそれを察知して反発し、摩擦や争いが生じることである。それを避けるためには、相手の私心や私欲と上手に折り合いをつけていく必要がある。そこで実践的なアドバイスを二つ紹介しておこう。

まずは『菜根譚』から――。

「成の必ず敗るるを知れば、則ち成を求むるの心は、必ずしも太《はなは》だ堅《かた》からず。生の必ず死するを知れば、則ち生を保つの道は、必ずしも過労せず」

成功があれば必ず失敗がある。このことに気づけば、成功を目指してしゃにむに突っ走ろうとする気持ちもにぶってくる。生があれば必ず死がある。この理《ことわり》を悟れば、長生きを願ってあくせくする気持ちも薄らいでくる。

もう一つは『呻吟語』から――。

「世の欲悪《よくお》は窮まりなく、人の精力は限りあり。限りあるを以って窮まりなきと闘《たたか》わば、則ち物の人に勝つこと、啻《ただ》に千万のみならず、これを奈何《いかん》ぞ病《や》み且《か》つ死せざらん」

人生の欲望には窮まりがなく、人間の精力には限りがある。限りある精力で窮まりのない欲望を満たそうとしても、とうていかなえられるものではない。あげくの果ては、精も根も使いはたして死に至るのである。

この二つにしても、相当なレベルではあるが、その気になれば、手のとどく距離にあるのではないか。これらのことを頭に入れておくだけでも、つまらない摩擦や争いをかなりな程度避けることができるかもしれない。

## ◉西郷隆盛の座右の銘、「敬天愛人」

『老子』の言う無私や無欲は、これらのレベルをさらに突き抜けていったところにある。そのレベルに到達するにはどうすればよいのか。『老子』によれば、「道」を体得し、「天地自然の理」に則ればよいのだという。

「天地自然の理」と言えば、思い出されるのが、孔子のことばである。晩年の心境を天に託して、こう語っている。

「天何をか言うや。四時《しじ》行なわれ、百物生ず。天何をか言うや」

天は何も語らぬではないか。それでも四季はめぐり、万物は成長している。天は何も語らないよ、というのである。

孔子は最終の心の拠り所を天に求めていたのであるが、『老子』もそういう意味では同じであった。

では、現実にそんな人物がいたのかと言えば、それに近い人物としてすぐに思い浮かんでくるのが、西郷隆盛《さいごうたかもり》である。『南州翁遺訓』のなかで、みずから、「命もいらず、名もいらず、官位も金もいらぬ人は始末に困るものなり」と語っているが、この人などまさに『老子』がここで語っている理想の人物像に近かったのではないか。多くの人々から慕われたのも、当然であったかもしれない。そう言えば、西郷さんの座右の銘も、「敬天愛人」であったなあ。

私どもにとって、西郷さんのような人物像は遥かな目標としてある。このレベルに近づくためには、私心や私欲を少しずつでもいいから減らしていくことが望まれるのである。そしてこれは、とくにリーダーの立場にある人にとっては欠くことのできない努力目標になるのかもしれない。

## 四、物《もの》壮《さか》んなれば則《すなわ》ち老《お》ゆ

含徳《がんとく》の厚《あつ》きは、赤子《あかご》に比《ひ》す。蜂蠆虺蛇《ほうたいきだ》も螫《さ》さず、攫鳥《かくちょう》猛獣《もうじゅう》も搏《う》たず。骨弱《ほねよわ》く筋柔《きんやわら》かにして握《にぎ》ること固《かた》し。いまだ牝牡《ひんぼ》の会《かい》を知《し》らずして朘怒《さいいか》るは、精《せい》の至《いた》りなり。終日号《しゅうじつさけ》びて嗄《か》れざるは、和《わ》の至《いた》りなり。和《わ》を知《し》るを常《じょう》と曰《い》い、常《じょう》を知《し》るを明《めい》と曰《い》う。生《せい》を益《ま》すを祥《しょう》と曰《い》い、心《こころ》、気《き》を使《つか》うを強《きょう》と曰《い》う。物壮《ものさか》んなれば則《すなわ》ち老《お》ゆ。これを不道《ふどう》と謂《い》う。不道《ふどう》は早《はや》く已《や》む。

▼含徳之厚者、比于赤子。蜂蠆虺蛇弗螫、攫鳥猛獣弗搏。骨弱筋柔而握固。未知牝牡之会而朘怒、精之至也。終日号而不嗄、和之至也。知和曰常、知常曰明。益生曰祥、心

使気曰強。物壮則老。謂之不道。不道早已。（第五十五章）

深い徳を秘めた人物は、赤ん坊のようなものである。赤ん坊は、毒虫にも刺されず、猛禽《もうきん》や猛獣にも襲われない。骨は弱く、体は柔らかいのに、拳《こぶし》だけは固く握りしめているし、男女の交わりも知らないのに、性器は力強く勃起している。精気が充満している証拠である。一日中泣き叫んでも声がかれないのは、調和がとれている証拠である。

調和がとれているのは、「道」と合致しているからである。「道」と合致すれば、明知が生まれてくる。これに対し、ことさらに延命をはかるのは不吉であり、無理に精気をかきたてれば、せっかくの調和も破れてしまう。強いものは必ず衰える。なぜなら「道」に反しているからである。「道」に反したものは長続きしない。

## ◉生まれたままの無心に返れ

『老子』は、「道」を体得した理想の人物を赤ん坊（嬰児《えいじ》）にたとえている。この章はその代表的なものであるが、他の章でもしばしば赤ん坊を引き合いに出してくる。たとえばこうである。

「気《き》を摶《せん》にし柔《じゅう》を至《いた》し、能《よ》く嬰児《えいじ》たらんか」（第十章）

赤ん坊のように、たくましく柔軟に生きているだろうか。

「我《われ》、泊焉《はくえん》としていまだ兆《きざ》さず、嬰児《えいじ》のいまだ咳《がい》せざるが若《ごと》し」（第二十章）

私だけは、笑う術《すべ》さえ知らない赤ん坊のように静まり返っている。

「恒徳離《こうとくはな》れざれば、嬰児《えいじ》に復帰《ふっき》す」（第二十八章）

「道」を体得すれば、赤ん坊のような無心の状態にたち返ることができる。

『老子』はなぜこれほど赤ん坊（嬰児）にこだわるのだろうか。これらのことばをまとめてみると、次の四つのことが指摘できるかもしれない。

一、無心である

赤ん坊から連想されるのは、まずこれである。無邪気とか無垢《むく》と言ってもよい。ところが成長するにつれて欲が芽生え、やがてさまざまな駆け引きや手練手管を身につけていく。『老子』はそれを嫌い、生まれたままの無心な状態に返れと説くのである。

孔子は古代の詩歌集『詩経』を評して、

「詩三百、一言以ってこれを蔽《おお》わば、曰《いわ》く、思い邪《よこしま》なし」

と語っている。

三百篇の詩歌を一言で評すれば、邪心がないことに尽きるというのだが、『老子』が赤ん坊に見出したのも、この「思い邪なし」であった。

一、柔軟である

これまでしばしばとりあげてきたように、『老子』の重視した徳目の一つが柔軟性である。これなら、どんな強い力でも、右に左に受け流して、しかも、自分は傷つくことはない。厳しい現実を生き抜いていくためには、どうしてもこれが必要になるのだが、これを最もよく体現しているのが、赤ん坊なのだという。

一、活力がある

赤ん坊の活力は、大自然の生命力を思わせるものがある。素朴ではあるが、いつまでも尽きることがない。柔軟は大切な徳だが、それだけでは十分でない。実はそのなかにこのような活力を秘めていてこそ、本物なのである。

それを体現しているのが、赤ん坊なのだという。

一、調和がとれている

その活力も、わざわざつくり出したものではなく、きわめて自然で、どこにも無理がない。だから枯れることがなく、長続きするのである。それは他でもない、活力に調和がとれているからだという。

赤ん坊は以上のような徳を体現している。それを踏まえて『老子』は「嬰児に返れ」と説いているのである。

## ◉「満つれば欠ける」こそ、天地自然の理

ところで、この章から名言を一つあげるとすれば、「物壮《さか》んなれば則ち老《お》ゆ」であろうか。「壮ん」な状態というのは「道」に反している、だから長続きしないのだと

いう。

「道」に反しているかどうかは別としても、「物壮んなれば則ち老ゆ」は、自然界はもとより、人間社会をも貫いている哲理と言ってよい。そしてこの認識は『老子』だけではなく、他の古典にも共通して見られるのである。二つほど例をあげてみよう。

まず『易経《えききょう》』から――。

「天地の盈虚《えいきょ》は時と消息す。而《しか》るを況《いわ》んや人に於《お》いてをや」

天地は四季の推移に従って盛衰する。天地でさえかくのとおり、まして人間界のもろもろの出来事はこの法則を免れることはできない。

次は『淮南子《えなんじ》』から――。

「天地の道は、窮まれば則ち反《かえ》り、盈《み》つれば則ち損《そん》す」

極まればもとに返り、満つれば欠ける。これが天地自然の理《ことわり》である。

だとすれば、流れに逆らったのでは、何をするにしてもうまくいくわけがない。

私どもに望まれるのは、流れを見極めながら流れに逆らわず、そのなかで最善を尽くすということかもしれない。

## 五、些細なことに手を抜いてはならない

無為《むい》を為《な》し、無事《ぶじ》を事《こと》とし、無味《むみ》を味《あじ》わう。大小多少《だいしょうたしょう》、怨《うら》みに報《むく》いるに徳《とく》を以《も》ってす。難《かた》きをその易《やす》きに図《はか》り、大《だい》をその細《さい》に為《な》す。天下《てんか》の難《かた》きは易《やす》きより作《おこ》り、天下《てんか》の大《だい》は細《さい》より作《おこ》る。是《ここ》を以《も》って聖人《せいじん》は終《つい》に大《だい》を為《な》さず、故《ゆえ》に能《よ》くその大《だい》を成《な》す。それ軽諾《けいだく》は必《かなら》ず信寡《しんすくな》く、易《やす》きこと多《おお》ければ必《かなら》ず難《かた》きこと多《おお》し。是《ここ》を以《も》って聖人《せいじん》は猶《なお》これを難《かた》しとす。故《ゆえ》に終《つい》に難《かた》きことなし。

▼為無為、事無事、味無味。大小多少、報怨以徳。図難乎其易也、為大乎其細也。天下之難作于易、天下之大作于細。是以聖人終不為大、故能成其大。夫軽諾者必寡信、多

易必多難。是以聖人猶難之。故終于無難。（第六十三章）

つねに「無為」を心がけ、なにごとにも恬淡と対処する。いかなる場合にも、怨みには徳をもって報いる。困難は容易なうちに処理し、大事は小事のうちに収拾する。

いかなる困難も容易なことから生じ、いかなる大事も些細なことから始まる。「道」を体得した人物は、はじめから大事を成し遂げようとはしない。だから成し遂げることができるのだ。

そもそも安請け合いは不信のもと、容易なことには困難がつきまとう。「道」を体得した人物は、どんな容易なことでも困難を覚悟してかかる。だから、壁に突き当たることもない。

## ◉人の「怨み」は善意で返せ

この生きにくい現実を安全に、かつ、したたかに生き抜いていくためには何が必要になるのか。あるいは危険や失敗を避けて成功を目指すためにはどうすればよいのか。そのための心得の条がまとめられている。

それにしてもこの章は箴言集《しんげんしゅう》のような趣を呈しているが、それをあらためて書き出してみよう。

「怨《うら》みに報いるに徳を以ってす」

「難《かた》きをその易《やす》きに図り、大をその細に為《な》す」

「天下の難きは易きより作《おこ》り、天下の大は細より作る」

「軽諾《けいだく》は必ず信寡《すくな》し」

「易きこと多ければ必ず難きこと多し」

短い文章のなかにこれだけ含まれているのである。

まず「怨みに報いるに徳を以ってす」であるが、『論語』にもこれと似たことばが出てくる。それによると、

「徳を以って怨みに報ゆ、と言われていますが、どう思われますか」

とたずねられて、孔子はこう答えている。

「直《ちょく》を以って怨みに報い、徳を以って徳に報ゆ」

怨みに対しては理性（直）をもって対応するのだと言う。これはきわめて常識的な認識だと言ってよい。

これに対して『老子』は、怨《うら》みにも徳（善意）をもって報いるのだという。なぜだろうか。言うまでもないことだが、怨みに対して仕返しをすれば、今度は相手に怨みが残り、怨念の連鎖反応がとめどもなく続いていく。たぶん『老子』は、そんな生き方は身を安泰に保つゆえんではないとして嫌ったのであろう。

次に、「軽諾は必ず信寡し」であるが、「軽諾」とは軽々しく約束すること、「信」とは嘘をつかないという意味である。これは、まわりの信頼にかかわってくる問題であることは言うまでもない。

世の中には平気で嘘をつく人々もいないではない。詐欺師とかペテン師と呼ばれる人々がそれであって、これは論外である。

私どもの場合、なるべく嘘はつきたくないと思っていても、結果として嘘をつく羽目になることがある。その原因の一つがこの「軽諾」にある。誰だってアルコールでも入ると、ついその場の雰囲気につられて、「ハイ、ハイ、承知しました。なんとかやってみましょう」などと請け合ったりする。こういう安請け合いにかぎってうまくいかないことが多い。その結果、相手の信頼まで失ってしまう。

考えてみれば、こんなつまらないことはない。

『老子』のこのことばも、それを警告しているのである。

### ◉君子は細事にも手を抜かない

残りの三つの名言は、いずれも仕事を成功させるコツについてふれたものである。それによれば、どんなに易しそうに見える小さな仕事でも、なめたり、手抜きをしたりしないで、一歩一歩慎重に進めるのが、大きな仕事を成功させるコツなのだという。はじめから全力で取り組め、最初の緊張感を最後まで持続させよ、ということでもある。

これを戒めているのは、『老子』だけではない。先人たちはこぞって同じような警告を発してきた。いくつかあげておこう。

「君子は始めを慎む。差《たが》うこと若《も》し毫釐《ごうり》ならば、繆《あやま》ること千里を以ってせん」(『礼《らい》記《き》』)

君子ははじめを慎重にする。なぜなら、はじめに誤った対応をして一厘ほどの狂いを出すと、それが先へ行って千里の狂いにまで拡大していくからだ、というのである。

現代でも、最初にボタンをかけ違えたばかりに、問題をこじらせて、解決をむずかしくしているケースが少なくない。

「千丈の堤《つつみ》も螻蟻《ろうぎ》の穴を以って潰《つい》え、百尺の室も突隙《とつげき》の烟《けむり》を以って焚《や》く」（『韓非子《かんぴし》』）

千丈もある巨大な堤防も、螻《けら》や蟻《あり》の小さな穴が原因で決壊し、百尺四方もある大邸宅も、煙突の火の粉が原因で焼け落ちてしまう。小さなことだからといって、手抜きは許されないのだという。

「大事は皆小事より起こる。小事論ぜずんば、大事またまさに救うべからざらんとす」（『貞観政要《じょうがんせいよう》』）

天下の大事はみな小事から起こる。小事だからといって捨てておけば、大事が出来《しゅったい》したときには、もはや手のつけようがなくなっている。小火《ぼや》の段階で消しとめるのが消火のコツなのだという。

これで思うのが、近ごろ企業社会で続発している不祥事である。名もない企業ならまだしも、業界を代表するような企業で起こるのだから、世の中に与えた衝撃も大きかった。多分、不祥事の発端は些細なことであったに違いない。「これくらいは、いいだろう」と、手を抜いたり、やるべきことを怠ったりする。それが、やがて、企業の存立まで危うくする不祥事に発展していくのだ。

以上のような先人たちの忠告を頭に入れておけば、少なくともそのような不祥事を少なくすることができるかもしれない。

## 六、成功をおさめるための六つのコツ

その安《やす》きは持《じ》し易《やす》く、そのいまだ兆《きざ》さざるは謀《はか》り易《やす》く、その脆《もろ》きは判《わか》ち易《やす》く、その微《かすか》なるは散《さん》じ易《やす》し。これをそのいまだ有《あ》らざるに為《な》し、これをそのいまだ乱《みだ》れざるに治《おさ》む。合抱《ごうほう》の木《き》も毫末《ごうまつ》より生《しょう》じ、九成《きゅうせい》の台《だい》も虆土《るいど》より起《お》こり、百仭《ひゃくじん》の高《たか》きも足下《そっか》より始《はじ》まる。これを為《な》す者《もの》はこれを敗《やぶ》り、これを執《と》る者《もの》はこれを失《うしな》う。是《ここ》を以《も》って聖人《せいじん》は、為《な》すことなし、故《ゆえ》に敗《やぶ》るることなし。執《と》ることなし、故《ゆえ》に失《うしな》うことなし。民《たみ》の事《こと》に従《したが》うや、恒《つね》にその成《な》るに于《お》いてこれを敗《やぶ》る。故《ゆえ》に終《お》わりを慎《つつし》む

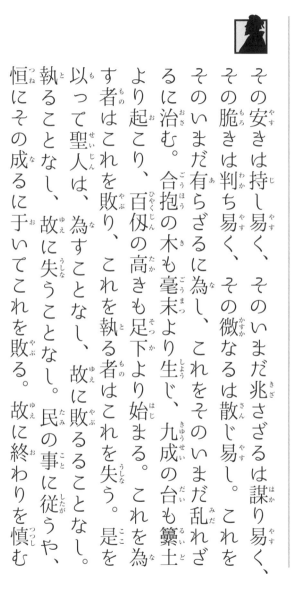

こと始《はじ》めの若《ごと》くなれば、則《すなわ》ち敗事《はいじ》なし。是《ここ》を以《も》って聖《せい》人《じん》は不欲《ふよく》を欲《ほっ》し、而《しか》して得難《えがた》きの貨《か》を貴《たっと》ばず。不学《ふがく》を学《まな》びて、衆人《しゅうじん》の過《あやま》つ所《ところ》を復《かえ》す。能《よ》く万物《ばんぶつ》の自然《しぜん》を輔《たす》けて、而《しか》も敢《あ》えて為《な》さず。

▼其安也、易持也、其未兆也、易謀也、其脆也、易判也、其微也、易散也。為之于其未有也、治之于其未乱也。合抱之木生于毫末、九成之台起于虆土、百仞之高始于足下。為之者敗之、執之者失之。是以聖人無為也、故無敗也。無執也、故無失也。民之従事也、恒于其成而敗之。故慎終若始、則無敗事矣。是以聖人欲不欲、而不貴難得之貨。学不学、復衆人之所過。能輔万物之自然、而弗敢為。（第六十四章）

安定しているものは維持しやすく、こじれていない問題は解決しやすい。脆弱《ぜいじゃく》なものは壊れやすく、微細なものは分散しやすい。だから、こじれる前に処理し、乱れる前に収拾するのである。一抱《ひとかか》えほどの大木も、もとはと言えば、ちっぽけな苗木から成長した。九階建ての宮殿も、土台固めから着手し、百仞《ひゃくじん》の高さに登るにも、足もとの一歩から始めなければならない。このような自然の道理を無視して、作為を弄《ろう》し我執《がしゅう》にとらわれるなら、必ず失敗する。「道」を体得した人物は、作為を弄さないから、失敗することがない。我執にとらわれないから、失うこともない。

凡人の仕事っぷりは、いつも完成しかけたところで失敗する。最後まで慎重に対処すれば、失敗することもないのである。

だから「道」を体得した人物は、いつも無欲に徹し、高価な財宝には目もくれない。知識を捨て去って、人々の過ちを正そうとする。万物をあるがままに育《はぐく》んで、作為をほどこさないのである。

## ◉遠くへ行くにもまず一歩から

この章にも、幾つも箴言《しんげん》が出てくる。念のため、抜き出してみよう。

「その安きは持し易く、そのいまだ兆《きざ》さざるは謀り易し」

「その脆きは判《わか》ち易く、その微なるは散じ易し」

「これをそのいまだ乱れざるに治む」

「合抱《ごうほう》の木も毫末《ごうまつ》より生じ、九成の台も虆土《るいど》より起こり百仞の高きも足下より始まる」

「民の事に従うや、恒《つね》にその成るに于《お》いてこれを敗る」

「終わりを慎むこと始めの若《ごと》くなれば、則ち敗事なし」

これらの箴言はいずれも仕事を成功させるための知恵と言ってよい。

いずれも同じ思想から出たものであって、それを要約すると、物事はこじれる前に処理し、細事にも手を抜かず、最後まで緊張感を持続させる、ということである。一言でいえば、「くれぐれも慎重に」ということであろう。

『老子』によれば、こういうやり方こそ「道」にかなったものであり、こうあってこそおのずから成功も保障されるのだという。

ただし、こういうことを言っているのは『老子』だけではない。他の古典も同じようなことを繰り返し説いている。参考のために幾つかあげてみたい。

「高きに升《のぼ》るには必ず下《ひく》き自《よ》りするが若《ごと》くし、遐《とお》きに陟《のぼ》るには必ず邇《ちか》き自りするが若くす」(『書経』)

どんな高い山に登るにも必ず麓《ふもと》から歩みはじめ、どんな遠くへ行くにもまず足もとの一歩からはじめる。つまりは、どんな高遠な目標を掲げても、それを実現するためには、まず足もとを固め、一歩一歩着実に進めていかなければならないのだという。

「凡《およ》そ人は好んで小事を敖慢《ごうまん》し、大事至りて然《しか》る後にこれに興りこれを務む。是《かく》の如くなれば、則ち常に夫《か》の小事を敦比《とんひ》する者に勝《まさ》らず」（『荀子《じゅんし》』）

人は些細なことだと手を抜いてしまい、それが取り返しのつかないところまで来て、ようやく手を打ったり、取り組んだりしはじめる。最初から些細なことにも手を抜かず、こつこつと積み重ねている人には、とうていかなわない。

言うまでもなく、細事にも手を抜くなと戒めているのである。

## ◉「これくらいはいいだろう」が災いを招く

もう一つあげてみよう。

「天下の禍《わざわい》は、怠忽《たいこつ》に成るものその半ばに居り、激迫《げきはく》に成るものその半ばに居る。惟《た》だ聖人のみ能く禍をいまだ形《あらわ》れざるに銷《け》し、患《わざわい》を既《すで》に著《あらわ》るるに弭《や》む。それこれを微《び》を知り彰《しょう》を知ると謂《い》う」（『呻吟語』）

災難というのは、半分は適切な対策を怠ることによって生じ、あとの半分は時の勢いが激しくなったことによって生じる。ただ聖人だけが、それを未然に防いだり、勢いをとめたりすることができるのだ。なぜなら、かすかな動きを察知し、明らかになった動きを見極めることができるからである。

それにしても、『老子』のみならず、他の古典も、なぜ同じようなことを繰り返し説いてきたのか。それは他でもない、時移り時代が変わっても、性懲りもなく同じ失敗をする人々が後を絶たなかったからであるに違いない。

新しい事業を始めたり、新しい仕事についたりしたときには、誰でも、なんとか成功させようと、それなりの緊張感をもって仕事に取り組むはずである。ところが、やがて仕事に慣れ、業績もまずまずだとなれば、しだいに緊張感がゆるんで、惰性に流されていく。実はこういうときが最も危ないのである。

たとえば、これくらいはいいだろうと、つい仕事の手を抜くようになる。他のことに関心が向いて、仕事に身を入れなくなる。こんなことが積み重なって、やがて大きな失敗を招くことがいかに多いことか。

だから先人たちも、問題は早めに処理し、小事だからといって手を抜くなと、繰り返し戒めてきたのだった。

『老子』の特徴は、そんな対応を「道」と関連づけて説いているところにある。「道」と関連しているかどうかは別としても、成功を目指す者にとっては、きわめて適切なアドバイスではないかと思う。

## 七、天網《てんもう》は恢恢《かいかい》、疎《そ》にして失《うしな》わず

敢《あえ》てするに勇《ゆう》なれば則《すなわ》ち殺《ころ》し、敢《あえ》てせざるに勇《ゆう》なれば則《すなわ》ち活《い》く。この両者《りょうしゃ》は或《あるい》は利《り》或《あるい》は害《がい》。天《てん》の悪《にく》む所《ところ》、孰《たれ》かその故《ゆえ》を知《し》らんや。天《てん》の道《みち》は戦《たたか》わずして善《よ》く勝《か》ち、言《い》わずして善《よ》く応《おう》じ、召《まね》かずして自《おのずか》ら来《き》たり、繟《せん》として善《よ》く謀《はか》る。天網《てんもう》は恢恢《かいかい》、疎《そ》にして失《うしな》わず。

▼勇于敢則殺、勇于不敢則活。此両者或利或害。天之所悪、孰知其故。天之道、不戦而善勝、不言而善応、不召而自来、繟而善謀。天網恢恢、疎而不失。（第七十三章）

同じ勇気でも、前へ進む勇気はわが身を滅ぼし、後ろへ退く勇気はわが身を生かす。だが、どちらが有利でどちらが不利なのか、天の考えることは誰にもわからない。天の道は、戦わないで勝利を収め、命令しないでも服従され、呼び寄せなくても

**向こうからやって来、のんびり構えていながら深い謀《はかりごと》を秘めている。天の網はこのうえなく大きく、網目こそ粗《あら》いが、なに一つ取り逃がすことはない。**

＊繟として　のんびりしていること。＊恢恢　広々としていること。

## ◉撤退の決断ほどむずかしいものはない

「勇」とは勇気、さらに言えば決断力である。

これはふつう「徳」を構成する重要な要素の一つとされている。他の古典から、それにふれたことばをいくつかあげてみよう。

「知、仁、勇の三者は、天下の達徳《たっとく》なり」（『中庸』）

「義を見て為さざるは、勇なきなり」（『論語』）

「勇闘すれば則ち生き、勇ならざれば則ち死せん」（『六韜《りくとう》』）

ただし、「勇」というのはややもすると血気の勇に逸《はや》るところがある。それを戒めていることばも少なくない。

「勇にして礼なき者を悪《にく》む」（『論語』）

血気に逸ってハメをはずす者は嫌いだよ、というのである。孔子のことばであるが、現代でもこういう人間に出くわすことがある。

「人の将を論ずるや、常に勇に観《み》る。勇の将に於《お》けるは、乃《すなわ》ち数分の一のみ」（『呉子』）

一般の人が将帥の資格を論じるとき、とかく勇気だけを重視する。だが、勇気は将帥の条件の数分の一にすぎないのだという。

「将たる者はまさに怯弱の時あるべし。但《ただ》に勇を恃《たの》むべからず」（『三国志』）

将たる者は、時には臆病なほど慎重であるべきだ。いたずらに勇に逸ってはならない。これは『三国志』の曹操が部下の将軍を戒めたことばである。

思うに、「勇」には二つの方向がある。一つは前へ進む勇気、もう一つは後ろに退く撤退の勇気である。どちらがむずかしいか。言うまでもない。前へ進むことなら誰にでもできる。むずかしいのは情勢不利と見極めたときの撤退の決断である。それをきちんとできるのが真の勇者だとされてきた。

前へ進むことだけを知って後へ退くことを知らない勇気を指して「匹夫《ひっぷ》の勇《ゆう》」という。こんな勇気は、とくにリーダーたる者、持ってもらっては困るのだという。

撤退を考えるのは、けっして女々しい敗北主義ではない。まして臆病でもないし、卑怯でもない。厳しい現実を生き残るための有力な戦略なのである。

『老子』がここで語っている「敵てするに勇なれば則ち殺し、敵てせざるに勇なれば則ち活く」ということばも、そのことと関連している。ただし、『老子』は、どちらが優っているかの判定については、天にゲタをあずけている。天の考えることは、進むか退くかといったレベルを突き抜けて、もっと奥深いところにあると言いたいらしい。

### ◉やるだけやって最後は天に任せる

さて、この章でもう一つよく知られているのが、「天網は恢恢、疎にして失わず」ということばである。

ふつう、このことばは「疎にして漏らさず」で通用しているが、意味は同じである。天は人間社会のことをなんでも見そなわしているのだという。

すでに述べたように、中国人は最終的な心の拠り所を天に求めてきた。人は知らなくても、天だけは知っていてくれるというわけである。天信仰と言ってよいかもしれない。『老子』の根底にもこの思想があった。中国へ行って、あの広漠たる大自然のなかに身を置いていると、こういう思想の生まれてきた背景がなんとなくわかる気がするのである。

むろん、天と人との相関に疑問を投げかけた思想家もいた。たとえば、やはり戦国時代に活躍した荀子《じゅんし》という思想家である。かれはその著作である『荀子』のなかで、こう語っている。

「雩《う》して雨ふるは、何ぞや。曰く、何もなし。猶《なお》雩せずして雨ふるがごときなり」

なぜ雨乞いをすると雨が降るのだろうか。理由などない。雨乞いなどしなくても降るときは降るのである、というのだ。おまじないや占いなど、迷信思想をきっぱりと拒絶しているのである。

つまり『荀子』は、天にすべてをあずけるよりも、その前に人間の能力を信じて生きよと説いているのである。できれば私もそうありたいと思っている。しかし同時に私は、最後の拠り所を天に求める生き方にも限りない魅力をおぼえるのである。

この二つを両立させながら、残りの生を全うできればと願っている。

第五章

# こだわらず おおらかに 生きる

# 一、学を絶てば憂いなし

聖《せい》を絶《た》ち智《ち》を棄《す》つれば、民利《みんり》百倍《ひゃくばい》す。仁《じん》を絶《た》ち義《ぎ》を棄《す》つれば、民《たみ》、孝慈《こうじ》に復《ふく》す。巧《こう》を絶《た》ち利《り》を棄《す》つれば、盗《とう》賊《ぞく》あることなし。この三言《さんげん》は、以《も》って文《ぶん》いまだ足《た》らずとなす。故《ゆえ》に属《しょく》する所《ところ》あらしむ。素《そ》を見《あら》わし樸《ぼく》を抱《いだ》き、私《わたくし》を少《すく》なくし欲《よく》を寡《すくな》くす。学《がく》を絶《た》てば憂《うれ》いなし。

▼絶聖棄智、民利百倍。絶仁棄義、民復孝慈。絶巧棄利、盗賊無有。此三言也、以為文未足。故令之有所属。見素抱樸、少私寡欲。絶学無憂。（第十九章）

**才智をひけらかさなければ、人民の生活は安定する。仁義を振り回さなければ、人民は道徳意識をとりもどす。効率や利益の追求に走らなければ、盗みを働く者がいなくなる。**

しかし、これではまだ言い尽くせない。治世の根本は、人民を本性に目覚めさせることだ。すなわち、無私、無欲の状態に導くこと、これである。知識にとらわれなければ、悩みも生じない。

＊属す 「続く」と同じ。

## ◉「文明の利器」に振り回されるな

これも一面の真理である。

人類はみずからの才知によって文明社会をつくりあげてきた。文明はなんと言っても便利である。とくに近年、パソコンだ、スマホだ、インターネットだと、文明の利器が続々と登場している。その便利さを否定する者はいない。

だが、『老子』はもっぱら文明のマイナス面に目を向けるのである。

文明の進歩はいいが、その結果どうなったか。強者が弱者をしいたげ（アメリカ社会を見よ）、肉親の情愛は影をひそめ（日本社会を見よ）、むき出しの欲望だけがはびこっているではないか。法の裏をかいくぐってこずるく立ち回る知能犯や、平気で人を殺す凶悪犯や、そんな連中ばかり増えているではないか。文明とはもともと人間に幸福をもたらすものでなければならない。ところが現実には幸福どころか大きな不幸をもたらしているではないか。このように『老子』は文明の実態を凝視することによって、鋭い疑問を投げかけるのである。

これについては『荘子』に有名な話がある。

孔子の弟子の子貢《しこう》が旅をしていたとき、一人の老人が畑仕事をしている姿が目にとまった。甕《かめ》で井戸から水を汲《く》み出して畑に注いでいるのだが、苦労しているわりに、仕事がはかどらない。子貢は見かねて声をかけた。

「ご老人、いい道具があるんですがね。これを使えば、ずっと能率があがりますよ」

「ほほう、どんな道具じゃね」

「跳釣瓶《はねつるべ》というんです。あっというまに水を汲み出してしまいますよ」

すると老人は苦笑しながらこう語った。

「吾これを吾が師に聞けり。機械あれば必ず機事《きじ》あり。機事あれば必ず機心《きしん》あり、と。吾、知らざるにあらず、羞《は》じて為《な》さざるなり」

わしは昔、先生さまから教わったことがある。効率のよい仕掛けが使われ出すと、それに伴って、たくらみごとが起こってくる。たくらみごとが起こると、人間の心までそれに振り回されてしまう、となｃ。わしだって跳釣瓶ぐらい知っとるが、どうしても使う気にはなれんのじゃ。

文明の利器を使い出すと、心までそのとりこになって、人間本来のよさが失われてしまうのだという。

現代の利器は跳釣瓶の比ではない。それにつれて文明の毒もいっそう深刻になっている。

では、どうすればよいのか。この老人は跳釣瓶を拒否しているが、これも一つの生き方と言ってよい。『老子』もまた文明に汚染されない原初の状態に帰れと説く。

しかしこれは、前項でもふれたように、私どもには無理である。時おり自然のなかに身を置いて心身のリフレッシュをはかるのは大いに望ましいし、また、ぜひそうしたいとは思うが、文明の利器をすべて捨て去れというのは、あまりにも現実ばなれしている。

では、どうすればよいのか。

文明の利器を手放せないなら、せめて使っても使われないことではないかと思う。そうすれば、少しはおおらかな心をとりもどすことができるかもしれない。

## ◉「知識」偏重という現代の病理

ところで、この文章で最も有名なことばと言えば、「学を絶てば憂いなし」であろうか。このことばも、今述べたことと同じ思想から出たものであって、現代の病弊を鋭く衝いている。

たぶん、現代の私どもが仕入れている知識の量は、古人と比べて格段に多くなっているはずである。では、それだけ賢《かしこ》くなり、幸せになっているのかと言えば、必ずしもそうではない。むしろ、近ごろ頻発しているおどろおどろしい事件を見たり聞いたりするたびに、生きていくのに必要な人間学や処世知のようなものは、大きく退化しているように思われないでもない。

それはやはり、どうでもいいようなつまらない知識や情報に振り回されているせいではないのか。

かと言って、『老子』のように「学を絶つ」のも、これまた現実的ではない。必要な知識はしっかりと身につけ、つまらない知識や情報は勇気をもって切り捨てる。こういう学び方が望まれるのではないかと思う。

## 二、大道廃《すた》れて仁義あり

故《ゆえ》に大道《だいどう》廃《すた》れて、焉《ここ》に仁義《じんぎ》あり。智慧《ちえ》出《い》でて、焉《ここ》に大《たい》偽《ぎ》あり。六親《りくしん》和《わ》せずして、焉《ここ》に孝慈《こうじ》あり。邦家《ほうか》昏乱《こんらん》して、焉《ここ》に貞臣《ていしん》あり。

▼故大道廃、焉有仁義。智慧出、焉有大偽。六親不和、焉有孝慈。邦家昏乱、焉有貞臣。
（第十八章）

大いなる「道」が見失われると、やれ仁だ、やれ義だと声高に叫ばれるようになる。なまじ知識が発達すると、大きな虚偽がはびこるようになる。肉親の情愛が薄れると、慈父出《い》でよ、孝子出でよと叫ばれるようになる。国の政治が乱れると、きまって忠臣が現われてくる。

＊六親　父子、兄弟、夫婦を指す。

## ◉儒家に異を唱える

社会生活を営《いとな》んでいくからには、人と人との関係に一定の規範がなければならない。それが崩れると、社会そのものが成り立たなくなる。その規範を最も熱心に説いたのが、儒家だった。かれらは何を重視したのか、三つほど例をあげてみよう。

「父は義《ぎ》、母は慈《じ》、兄は友《ゆう》、弟は恭《きょう》、子は孝《こう》」(『書経』)

それぞれの立場に応じて望ましい徳をあげているのだが、「義」とは人としての正しい道、「友」とは兄弟の仲がよいという意味である。これを「五常《ごじょう》」の教え、あるいは「五典《ごてん》」とか「五教《ごきょう》」ともいう。

次はこれである。

「父子親《しん》あり、君臣義あり、夫婦別《べつ》あり、長幼序《じょ》あり、朋友信《しん》あり」(『孟子』)

父子は親愛の情によって結ばれ、君臣は正しい道によって結ばれている。また、夫婦には内と外の役割分担があり、目上と目下には一定のけじめがあり、友人は信頼をもって結ばれていなければならない。

おおよそこんな意味になるかもしれない。これを「五倫《ごりん》」の教えという。
もう一つあげてみよう。
「忠恕《ちゆうじよ》は道を違《さ》ること遠からず。これを己《おのれ》に施《ほどこ》して願わざれば、また人に施すなかれ」(『中庸』)
誠実で思いやりがあれば、人の道を大きく踏みはずすことはない。自分が人からしてほしくないと思っていることは、自分からも人にしてはならないのだという。

これらのことばからだけでも、儒家の人々が何を重視したのか、察してもらえるかと思う。かれらはこれらの規範の確立を主張し、その実現のために奮闘した。

『老子』はこれに異を唱えたのである。

もともと『老子』は、「道」に立脚した「無為自然」の生き方をよしとする。「無為自然」とは、作為を加えず、あるがままに、と言うことである。そういう『老子』から見たら、儒家の重視するこれらの規範は、人間が勝手につくり出した賢《さか》しら以外の何ものでもない。そういうものが声高に叫ばれるほど、ますます世の中の乱れがひどくなっていくではないか。いっそのこと原初の素朴な状態に返れ、そのほうが幸せをもたらすはずだ、と説くのである。

どちらの主張に軍配をあげるか。どちらとも決めがたい。

社会が成り立つためには、それなりの規範が必要である。儒家の提示した規範は、理想と言えば理想、迂遠と言えば迂遠であるが、きわめて貴重なものであることを認めるに吝《やぶさ》かではない。その実現を目指して奮闘したかれらに、私は深い敬意を表するものである。

しかし、現実を直視すると、『老子』の主張にも十分な説得力のあることを認めざるをえない。

## ◉いかに「道徳」と「知識」のバランスをとるか

たとえば、道徳教育である。ひところ、これの必要がうるさく叫ばれたことがあった。それは他でもない、戦後の教育が知識の詰め込みに偏《かたよ》って、こういう面の躾《しつけ》や教育をなおざりにしてきた、そのツケがもろに出てきた危機感の表われであったに違いない。

『老子』の主張は、ここまでは現実を鋭く衝いている。では、その現実をどうするかとなると、その処方箋はあまりにも夢物語にすぎるのではないか。『老子』は原初の素朴な状態に返れ、つまらん知識など詰め込むな、人間本来のよさをとりもどせ、と主張する。私も「そうできたらいいなあ」と思わないわけではない。しかし、それは過ぎ去ったものに対する郷愁であって、現実にはそんな状態にもどれるわけがないのである。

ここで『老子』の言っていることは、現状に対する批判としては鋭いが、現状を変えるうえではあまり有効ではないように思われるのである。

しかし、そこまで『老子』に望むのは、ないものねだりなのかもしれない。私どもとしては、『老子』の主張に聞くべきものがあれば素直に耳を傾け、それをどうするかは、それぞれが知恵をしぼればよいのではないか。

道徳教育にしても、事態はさらに悪化しているのに、ひところのような熱のこもった発言は聞かれなくなった。あきらめきって発言する元気もなくなったということであれば、こちらのほうがむしろ由々しい問題である。

仁だ、義だと叫ばれる時代のほうが、まだしも健康な証《あかし》なのかもしれない。

## 三、大巧《たいこう》は拙《せつ》なるが如し

大成《たいせい》は欠《か》くるが若《ごと》くして、その用《よう》弊《やぶ》れず。大盈《たいえい》は盅《むな》しきが若《ごと》くして、その用《よう》窘《きわ》まらず。大直《たいちょく》は詘《くつ》するが如《ごと》く、大巧《たいこう》は拙《せつ》なるが如《ごと》く、大弁《たいべん》は訥《とつ》なるが如《ごと》く、大嬴《たいえい》は絀《ちゅつ》なるが如《ごと》し。趮《そう》は寒《かん》に勝《か》ち、静《せい》は熱《ねつ》に勝《か》つ。清静《せいせい》にして以《も》って天下《てんか》の正《せい》たるべし。

▼大成若欠、其用不弊。大盈若盅、其用不窘。大直如詘、大巧如拙、大弁如訥、大嬴如絀。趮勝寒、静勝熱。清静可以為天下正。（第四十五章）

ほんとうに完成しているものは、どこか欠けているように見える。だが、その働きは尽きることがない。ほんとうに充実しているものは、どこか虚《うつ》ろなように見える。だが、その働きは窮まることがない。

**ほんとうに真っ直ぐなものは、曲がっているように見える。ほんとうに巧妙なものは、稚拙《ちせつ》なように見える。真の雄弁は訥弁《とつべん》と変わりがない。ほんとうに豊かなものはどこか不足しているように見える。**
**動き回れば寒さがしのげ、じっと静かにしていれば暑さに勝つことができる。それと同じように、清静に徹していれば、天下の指導者になることができる。**

## ◉能弁には説得力がない

ぎっしりと詰め込んだものには余裕がない。おっとりと構えていて隙だらけに見えるもののほうが、実はエネルギーを秘めていて、いざというとき大きな働きができるのだという。そう言われてみると、なんとなくわかるような気がするではないか。

この章でよく知られているのが、「大巧は拙《せつ》なるが如く、大弁は訥《とつ》なるが如し」の一句であるが、これも同じような発想である。

技巧を磨きあげていったその先にあるのは自然そのままの姿、一見、稚拙そのものである。それと同じように、ほんとうの雄弁は訥弁と変わりがない。へたな能弁よりも、むしろ訥弁のほうが説得力に富んでいるのだと言う。

たしかに、立て板に水のような能弁は、意外に説得力がない。なぜだろうか。三つほど理由をあげることができるかもしれない。

第一に、一方的にまくし立てれば、相手の反応を読むゆとりがなくなる。相手の気持ちを無視してまくし立てたところで、聞き入れられるはずはないのである。それではせっかくの能弁も上すべりになってしまう。

第二に、ぺらぺらまくし立てれば、どうしても人間が軽薄な印象を与えてしまう。軽薄な人間の言うことなど、誰からも信頼されないのは、これまた道理である。

第三は、能弁であれば、必然的に前後矛盾するところや、辻褄《つじつま》の合わないところが出てくる。はては、失言取り消しということにもなりかねない。

こんなわけで訥弁の説得力のほうがむしろ優っているのである。筋道を立ててこちらの言い分を伝えられれば、それでよしとしたい。そして、その先に見えてくるのが「不言《ふげん》の言《げん》」(『荘子』)——無言の説得力である。このレベルに達すれば、弁論も完成の域に近づくのである。

## ◉政治の理想を極めた「黄老《こうろう》の術」

ところで、次に出てくる「動き回れば寒さがしのげる」は誰にでも理解できるのだが、「じっと静かにしていれば暑さに勝てる」のほうはどうだろうか。私は実際にこの状態を体験したことがある。

いつか中国を旅行したとき、初めて四十度の暑さに出くわした。あれは徐州であったか、駅で列車を待っていたとき、待合室の寒暖計は四十度を指していた。壊れかけた扇風機ががたがた回っているものの、熱い空気をかき乱しているだけ。たまらず外へ出てみるのだが、外はもっと暑い。出たり入ったり二、三度繰り返してわかったことは、じっとしているのが一番いいということである。結局私は駅のベンチに一時間もじっと坐って四十度を超える暑さに耐えたのだった。

これを書いたのも、たぶん、あんな暑さを体験した人物であったに違いない。

さて『老子』は、静かにしているのが一番いいということから、「清静」ということばを持ち出してくる。「清静」とは、じたばた動き回らないで、じっと静かにしているという意味で、『老子』哲学を代表するキーワードの一つである。

それについては、こんな話がある。

むかし、劉邦《りゅうほう》の功臣に曹参《そうしん》という人物がいた。劉邦が天下を取ってから、斉《せい》の国の宰相に任命されたが、もともと将軍の出であったので、政治向きのことには疎《うと》かった。

そこで、斉に赴任してから、その道のプロを招いて、政治のコツについてたずねてみることにした。しかし、誰の話を聞いても、もう一つ納得がいかない。

そのころ、「黄老《こうろう》の術」を究めた老人がいるという話を聞いた。「黄老の術」とは『老子』の政治哲学のことである。さっそく招いて教えを請うたところ、老人は「治道は清静を貴《たっと》ぶ。而《しか》して民自《おのずか》ら定まる」と言って、政治のコツを伝授してくれた。

曹参が老人の教えに従って政治を行なったところ、斉の国はよく治まり、のちのちまで賢宰相と称されたと言う。

現代風に言えば、「清静」の政治とは、
一、上からの指示や命令のたぐいを、できるだけ少なくする
一、積極的に政策を展開しないで、民間の活力にまかせる
一、ただし、権力の要《かなめ》の部分はしっかりと握って睨《にら》みをきかせている
ということであるらしい。これが『老子』の目指した政治であった。

## 四、戸を出《い》でずして天下を知る

戸《と》を出《い》でずして、以《も》って天下《てんか》を知《し》る。牖《まど》を窺《うかが》わずして、以《も》って天道《てんどう》を知《し》る。その出《い》づること弥《いよいよ》遠《とお》ければ、その知《し》ること弥《いよいよ》少《すく》なし。是《ここ》を以《も》って聖人《せいじん》は行《ゆ》かずして知《し》り、見《み》ずして名《あきら》かに、為《な》さずして成《な》る。

▼不出于戸、以知天下。不窺于牖、以知天道。其出弥遠、其知弥少。是以聖人不行而知、不見而名、弗為而成。（第四十七章）

外に出なくても、天下の動静を知ることができる。窓を開けなくても、天体の理法を知ることができる。遠くに出かければ出かけるほど、いよいよ知識はあやふやになる。

だから、「道」を体得した人物は、外に出なくても物事を理解し、目で見なくても物事を識別し、作為を弄さなくても成果をあげるのである。

### ◉遠くへ出かけるほど知識はあやふやになる

居ながらにして天下の動静を知ることができるとは、なんとも魅力的ではないか。ぜひそうありたいと思うのだが、どうすればそれが可能になるのだろうか。

先に、やはり『老子』の「人を知る者は智なり。自ら知る者は明なり」ということばを紹介したが（一三六ページ）、このことばを思い出してほしい。

ふつう、私どもが事態を知り物事を判断する場合、さまざまな現象を手がかりにし、すでに知られている経験法則に依存している。このあたりが「智」のレベルである。これに対し「明」は、現象の奥に流れている理法を把握しているので、現象に惑わされないで、本質を見極めることができる、そんなレベルを指している。超経験的な直観、あるいは経験によって磨き抜かれた勘と言ってよいかもしれない。だから、居ながらにして天下の動静を知ることができるのである。

ただし、『老子』によればこうである。

何度も述べてきたように、『老子』の拠り所にしているのは「道」である。「道」とは万物を万物として成り立たせている根本の原理に他ならない。だから「道」を体得してその立場に立つことができれば、この世の中で生起するもろもろの現象をすべて把握することができるのだと言う。

『老子』の言わんとしていることはよくわかるのだが、では、どうすれば「道」を体得できるのかとなれば、ことは簡単ではない。私どもとしては、とりあえずは先人の教えを学び、経験を積み重ねることによって、現象の奥にある本質に迫り、それを動かしている原理原則を究めるように努力すれば、かなりな程度「明」のレベルに近づくことができるかもしれない。

ところで、この章の「遠くに出かければ出かけるほど、いよいよ知識はあやふやになる」というくだりを読んで、すぐに思い浮かべるのが、近年の観光旅行である。毎年、大勢の人々が国外へ出かけてくるのだという。しかし、何を見、何を学んでくるのか、はなはだ心もとない。「あそこの料理はうまかった」とか「あの店でこんなものを手に入れた」というだけでは、いかにももったいないではないか。

「観光旅行とはそんなものだよ」と言われればそれまでであるが、では留学はどうか。

これも若い世代を中心にかなり多くの人々がそちこちの国へ行っているようだが、たんに「英語がうまくなった」「中国語が話せるようになった」では困るのである。せっかく行くのだから、その社会を動かしているものは何か、文化の違いなどをしっかりと見てきてほしい。そういう眼を磨くことが、「智」や「明」を身につける元になるのである。

## ◉歴史から「興亡の理」を学びたい

こういう混迷の時代になると、きまって「歴史に学べ」という声が起こってくる。これもまた洞察力を磨くうえで欠かせないことなのだが、これについても同じような心配がないではない。

歴史というと、ふつう何年にどんな事件が起こったのか、暗記させられた記憶がよみがえってくる。しかし、そんなことはどうでもいいことなのである。

歴史というのは、ある意味で先人の苦労の記録である。この政治家はこういう政治をして国を滅ぼした、あの将軍はこういう戦略戦術を使ってみごとな勝利を収めた、そんな事例がたくさん記録されている。それに学ぶことができれば、現代を生きていく助けとすることができるし、同じ失敗を少なくすることができるであろう。

しかし、それだけではまだ十分ではない。歴史というのは、どこの国の歴史であろうと、興亡の歴史なのである。国にしても企業にしても、永遠に続くことはありえない。興《おこ》っては亡び、亡びては興りの繰り返しであった。しかも、でたらめに興ったり亡んだりしたわけではない。興る理由があるから興り、亡びる原因があるから亡んでいったのである。

そこにはおのずから「興亡の理」といったものが貫いているはずである。それを会得するのが、歴史に学ぶ最大のメリットだと言ってよい。

このような「興亡の理」をおぼろげながらでも会得することができれば、『老子』の言う「外に出なくても天下の動静を知る」レベルに、大きく近づくことができるのではないか。

## 五、信言は美ならず

信《しん》言《げん》は美《び》ならず、美《び》言《げん》は信《しん》ならず。知《し》る者《もの》は博《ひろ》からず、博《ひろ》き者《もの》は知《し》らず。善《よ》くする者《もの》は多《おお》からず、多《おお》き者《もの》は善《よ》くせず。聖人《せいじん》は積《つ》まず、既《ことごと》く以《も》って人《ひと》の為《ため》にして、己《おのれ》愈《いよいよ》有《ゆう》し、既《ことごと》く以《も》って人《ひと》に予《あた》えて、己愈《おのれいよいよ》多《おお》し。故《ゆえ》に天《てん》の道《みち》は、利《り》して害《がい》せず。人《ひと》の道《みち》は、為《な》して争《あらそ》わず。

▼信言不美、美言不信。知者不博、博者不知。善者不多、多者不善。聖人無積、既以為人、己愈有、既以予人、己愈多。故天之道、利而不害。人之道、為而弗争。（第八十一章）

真実のことばは飾り気がない。飾り気のあることばは真実ではない。明知の人は物知りではない。物知りは明知に欠けている。立派な人物は多弁ではない。多弁な人物はほんものではない。

「道」を体得した人物は、貯め込まない。人に分け与えることによって、いよいよ豊かになる。天は、万物を害《そこな》わず、ひたすら恵みを与える。「道」を体得した人物も、人と争わず、ひたすら人のために尽くす。

## ◉「美言」に説得力なし

これまで『老子』は、「無為」の処世についてさまざまな角度から語ってきたが、この章では、あらためてそれをまとめている感がある。念のため要約してみると、

一、飾り気がなく質朴であること
一、無知に徹し知識をひけらかさないこと
一、多弁、能弁に堕さないこと
一、利益を独り占めにしないこと
一、一歩退いて人と争わないこと

となるかもしれない。とくにこの章で印象に残るのは、「信言は美ならず、美言は信ならず」ということばである。これがいいではないか。

現に、べらべら能弁にまくし立てる人に接すると、どことなく胡散《うさん》臭い気がして、信頼する気にはなれない。これに対し、訥々《とつとつ》とお国ことば丸出しで語る人にぶつかると、その人柄まで信頼したくなるではないか。明らかに「美言」よりも「信言」のほうに説得力があるのである。

## ◉なぜ「木鶏《もっけい》」が抑止力になるのか

ところで、今、『老子』流処世の前提になる五項目の徳をあげたが、これを体現すると、いったい、どんな人物になるのだろうか。これもまた理想ではあるが、『荘子』に描かれている「木鶏《もっけい》」がこれに近いかもしれない。

それは、こんな話である。

昔、紀渻子《きせいし》という闘鶏飼いの名人が、王様から一羽の鶏の訓練をおおせつかった。十日ほどたって、王様が様子をたずねた。

「どうだ。もう使えるのではないかな」

紀渻子が答えるには、

「いや、まだでございます。今はやみくもに殺気だって、しきりに敵を求めています」

それから十日たって王様がたずねた。

「もうそろそろではないか」

紀渻子が答えた。

「いや、まだでございます。他の鶏の鳴き声を聞いたり、気配を感じたりしますと、とたんに闘志をみなぎらせます」

また十日たって王様がたずねると、

「いや、まだでございます。他の鶏の姿を見ると、にらみつけたり、いきりたったりします」

さらに十日たって王様がたずねると、ようやくこんな返事が返ってきた。

「もうよろしゅうございましょう。側で他の鶏がいくら鳴いて挑んでも、いっこうに動ずる気配がありません。まるで木彫りの鶏のようです。これこそ徳が充満している証拠。こうなれば、しめたもの。どんな鶏でもかないません。その姿を見ただけで、みんな尻尾《しっぽ》を巻いて逃げ出していくでしょう」

ちなみに、木彫りの鶏のくだりを原文で示せば、

「これを望むに木鶏に似たり。その徳全《まった》し」

である。

ここで肝心なのは、「その徳全し」である。中身まで木彫りで空っぽであったのでは話にならない。内には徳がいっぱいつまっていなければならない。

この場合、徳にはこの章で『老子』があげている五項目はむろんのこと、能力や権謀術数のたぐいまで含まれているといってよい。だからこそ相手の仕掛けを封じ込める抑止力になりうるのである。

ただし、そういう要素をたっぷり持ちながら、あくまでも奥深く秘めて外に表わさないのである。これが木鶏に他ならない。

『菜根譚』もこう語っている。

「智械機巧《ちかいきこう》は、知らざる者を高しとなし、これを知りて而も用いざる者を尤《もつと》も高しとなす」

権謀術数を知らないのは高尚な人物である。だが、それを知りながら使わない人物こそ最も高尚だと言える。

たしかにそのとおりであって、権謀術数の手口ぐらい心得ていなかったら、簡単に相手の仕掛けにはまってしまう。これでは木鶏どころか、ただのデクノボーにすぎない。

木鶏は理想であるが、昭和の名横綱・双葉山はこのレベルを目指して相撲道に精進したといわれる。そんな人物もいたのである。

ただし、鶏でさえこのレベルに到達するのに、四十日もの調教を必要とした。まして私どもの場合は一生の課題になることは言うまでもない。

# 六、完全であることを目指さない

古《いにしえ》の善《よ》く道《みち》を為《おさ》むる者《もの》は、微妙玄達《びみょうげんたつ》、深《ふか》くして志《し》るべからず。それ唯《ただ》志《し》るべからず、故《ゆえ》に強《し》いてこれが容《よう》を為《な》す。曰《いわ》く、与《よ》としてそれ冬水《ふゆみず》を渉《わた》るが若《ごと》し。猶《ゆう》としてそれ四隣《しりん》を畏《おそ》るるが若《ごと》し。儼《げん》としてそれ客《きゃく》の若《ごと》し。渙《かん》としてそれ凌《こおり》の釈《と》くるが若《ごと》し。沌《とん》としてそれ樸《ぼく》の若《ごと》し。湷《ちゅん》としてそれ濁《にご》れるが若《ごと》し。曠《こう》としてそれ谷《たに》の若《ごと》し。濁《にご》りてこれを静《しず》かにすれば、徐《おもむろ》に清《きよ》し。安《やす》んじて以《も》ってこれを動《うご》かせば、徐《おもむろ》に生《しょう》ぜん。この道《みち》を葆《たも》つ者《もの》は盈《み》つるを欲《ほっ》せず。それ唯《ただ》盈《み》つるを欲《ほっ》せず、是《ここ》を以《も》っ

# て能《よ》く敝《やぶ》るるも成《な》さず。

▼古之善為道者、微妙玄達、深不可志。夫唯不可志、故強為之容。曰、与呵、其若冬渉水。猶呵、其若畏四隣。儼呵、其若客。渙呵、其若凌釈。沌呵、其若樸。湷呵、其若濁。曠呵、其若谷。濁而静之、徐清。安以動之、徐生。葆此道者不欲盈。夫唯不欲盈、是以能敝而不成。（第十五章）

「道」を体得した人物は、底知れぬ味わいがあって、その深さを計《はか》り知ることができない。だから説明のしようもないのだが、あえて形容すれば、こうなるだろう。

氷の張った河を渡るように、慎重そのもの。

四方の敵に備えるように、用心深い。

客として招かれたように、端然としている。

氷が解けていくように、こだわりがない。

手を加えぬ原木のように、飾り気がない。

濁った水のように、包容力がある。

大自然の谷のように、広々としている。

濁っているようではあるがいつのまにか澄み、静まりかえっているようではあるがそのなかに豊かな活力を宿している。「道」を体得した人物は、完全であることを願わない。だから、ほころびが出てもつくろわないのである。

## ◉部下がついてくる人物とは

これもまた『老子』の思い描いた理想の人間像である。もう少し詳しくその内容を吟味してみよう。

一、氷の張った河を渡るように、慎重そのもの

一か八か危険な賭けはしない、常に無理をしないで、安全運転を心がけるのだという。だからこそ責任の重い仕事も安心して任せられるのである。『詩経《しきよう》』という古典に、「戦戦《せんせん》兢兢《きようきよう》として、深淵《しんえん》に臨《のぞ》むが如《ごと》く、薄氷《はくひよう》を履《ふ》むが如《ごと》し」とある。

恐れ慎んで、深い淵に臨んだり、薄い氷の上を歩くときのように、いやがうえにも慎重に対処するという意味だが、『老子』が言わんとしているのも、同じことであるに違いない。

一、四方の敵に備えるように、用心深い

万全の守りを固めて、相手に乗ずる隙《すき》を与えないのである。だから相手は攻める手がかりを見出せないので、攻撃を断念せざるをえなくなる。

これは、剣の名人を連想するとわかりやすいかもしれない。ゆったりと正眼に構えて、目は半眼に見開いている。一見すると隙だらけだが、いざ打ち込もうとすると、どこにも隙がない。だから相手はまわりをうろうろするだけで、やがて尻尾《しっぽ》を巻いて退散していく。

一、客として招かれたように、端然としている

顔つき、態度、姿勢の問題である。なんだ、そんなことかと思われるかもしれないが、これも軽視することは許されない。なぜなら、締まりのない顔つきをしていたり、歪《ゆが》んだ姿勢をしていたのでは、まわりに与える印象がずいぶん違ってくるからである。

端然と構えていれば、おのずから心も引き締まってくるし、威風あたりを払うような威厳もそなわって、組織に対する抑えもきくに違いない。

## ◉柔軟でありながら、たくましい

一、氷が解けていくように、こだわりがない

さらさらっとして、わだかまりがないことである。たとえば、ささいなことを根に持って怨みを抱き、執念深く相手をつけまわしたりしたのでは、人に好かれる道理はない。また、いつまでも既成概念や固定観念にとらわれていたのでは、情勢の変化に対応していくことができない。頭は常に柔軟にしておきたい。

一、手を加えぬ原木のように、飾り気がない

これからすぐに連想されるのが、あの孔子の語った、「剛毅木訥《ごうきぼくとつ》、仁《じん》に近し」ということばである。

一本芯《しん》が通っていて飾り気がない、こういう人物は仁者に近い、というのであるが、これならまわりの信頼も得られるに違いない。いくらブランドもので身を固めていても、中身が伴わなかったのでは、どうにもならないのである。

一、濁った水のように、包容力がある

清濁併《せいだくあわ》せ呑《の》むようでありたいのだと言う。「水清ければ魚すまず」とも言われるではないか。清廉《せいれん》は美徳である。しかし、過ぎると、嫌われたり、敬遠されたりして、人が集まって来なくなる。こうなると、明らかに行き過ぎと言わざるをえない。『菜根譚』も、「清《せい》にして能《よ》く容《い》るるあり」と語っているように、清廉であってしかも包容力もあるというのが理想である。

一、大自然の谷のように、広々としている

大陸の谷は、広いとか大きいといったイメージに結びついていくものらしい。そのように、人物としての大きさを感じさせるということである。それはとりもなおさず、心の広さを表わしていることでもあるに違いない。

『老子』の思い描く理想の人物は、天衣無縫というか融通無礙《むげ》というか、それでいて、どこかにしぶとい芯が一本通っている。柔弱でありながら、そのなかに、雑草の持っているたくましい強靱さが秘められている。そんな人物が連想されるのである。

第六章

# 人の上に立つリーダーのありかた

# 一、一流のリーダーは存在感がない

太上《たいじょう》は下《しも》これあるを知《し》る。その次《つぎ》は親《した》しみてこれを誉《ほ》む。その次《つぎ》はこれを畏《おそ》る。その下《した》はこれを侮《あなど》る。信《しん》足《た》らざれば、焉《ここ》に不信《ふしん》あり。猶《ゆう》としてそれ言《げん》を貴《たつと》ぶ。功《こう》を成《な》し事《こと》を遂《と》げ、而《しか》して百姓《ひやくせい》は我《われ》自《おのずか》ら然《しか》りと謂《い》う。

▼太上、下知有之。其次親誉之。其次畏之。其下侮之。信不足、焉有不信。猶呵其貴言也。成功遂事、而百姓謂我自然。（第十七章）

最も理想的な指導者は、部下からことさら意識されることはない。それよりも一段劣るのは、部下から敬愛される指導者、さらに劣るのは、部下から恐れられる指導者、最低なのは、部下からバカにされる指導者である。

約束を守らない指導者は、部下の信頼を得ることはできない。立派な指導者は、

**弁解も宣伝もしない。素晴らしい成果をあげても、それがかれの働きだとは認識されない。そんなあり方が理想なのである。**

## ◉感謝もされないのが最高の指導者

指導者のランクを四つに分けているのである。

まず最低のランクからいこう。国を例にとると、「なんであの程度の人間が総理なのか」とバカにされるレベルである。これは国にとっても国民にとっても、不幸な事態だと言わざるをえない。

次は、部下から恐れられる指導者。たとえば、本人が出社してくると、社内の空気がぴりりっと引き締まるといったタイプで、「雷おやじ」などと恐れられたりする。かなりな存在感だが、『老子』に言わせると、これはまだ下から二番目にすぎない。

その上は、部下から敬愛される指導者。ふつうはこれが最高のレベルになるのだが、『老子』によると、これではまだ不十分で、さらにその上があるのだという。

さて、その最高のレベルとは、「下これあるを知る」である。

「下」とは部下を指している。部下は、上に指導者が坐っていることは承知しているが、ふだんはその存在を意識することはない。ことさら負担に感ずることもないかわり、有難いと感じることもない。これが指導者として理想のあり方なのだと言う。ちょこんと上に乗っかっているような姿が思われるではないか。

はなはだ魅力的ではあるが、ぼやぼやっとして、もう一つ摑《つか》み所がないように思われないでもない。果たしてこんな指導者がいたのか。これに近い例をあげるとすれば、さしずめ、理想的な政治が行なわれたとされる堯《ぎょう》や舜《しゅん》ということになるかもしれない。

まず堯であるが、こんな話が伝えられている。

皇帝として天下を治めること五十年に及んだが、いったい天下が治まっているのかどうか、人民が自分を皇帝に戴くことを望んでいるのかどうか、自分でもよくわからなくなった。側近にたずねてみたが、わからないという。朝廷の役人にたずねてみても、民間の有力者にたずねてみても、やはりわからないという。不安になった堯は、ある日お忍びで民情の視察に出てみた。すると、一人の老人がもぐもぐ口を動かし、腹鼓を打ち足拍子をとりながら（鼓腹撃壌《こふくげきじょう》）、歌をうたっているではないか。

日出《い》でて作り

日入りて息《いこ》う
井《い》を鑿《うが》って飲み
田を畊《たがや》して食らう
帝力、我に於いて何か有らんや

これを聞いた堯は、安心して宮殿にひきあげていったという。天下が平和に治まっていたのは、堯の政治のおかげであった。しかし人々は堯の存在など少しも意識しないで、平和な生活を楽しんでいたのである。

もう一人の舜については、孔子のコメントを引いてみよう。

「無為にして治むる者は、それ舜なるか。それ何をか為《な》さんや。己を恭《うやうや》しくして、正しく南面するのみ」（『論語』）

無為の姿勢で政治をとった人はと言えば、舜であろうか。この人は、なに一つ積極的な政策を行なったわけではない。ひたすら謙虚な姿勢で天子の座に坐っていただけである、というのだ。それでいて、舜の時代も天下はよく治まったのである。

## ◉任せる力こそ必要になる

ただし、堯にしても舜にしても、後世の人々によって理想化された伝説上の天子である。実際にこのレベルに近づくためには、何が必要になるのか。少なくとも次の二つの前提条件を満たすことが望まれるかもしれない。

一、人材の登用である。トップがどんなに有能でも、独りでなんでもできるわけではない。人物、識見ともにすぐれた人材を登用して要所要所に配し、信頼して仕事を任せる必要がある。実は堯や舜が最も苦心したのもこの問題であって、これがうまくいったからこそ、自分はのほほんとしていてもうまく治めることができたのである。

一、権力の要《かなめ》の部分はしっかりと握っていることである。たとえば人事権、財政権などであるが、これを手放したのでは、トップとは名ばかりで、組織に対する統制がきかなくなる。ただし、握っていても、「そんなものは知らんよ」という顔をしながら、黙って睨《にら》みをきかせているのである。そういう意味ではかなりな演技力を必要とするかもしれない。

この二つの条件が満たされて、はじめて『老子』の言う「下これあるを知る」のレベルに近づくことができるのである。

たぶん、こういうトップの下では、それぞれが持ち味を発揮することができて、下からの活力も大いに盛り上がってくるはずである。しかも、組織としての統制もしっかりととれているに違いない。

できれば、こんなトップを目指したいところである。

しかし、現実には、残念ながら「なんであんな人が」と部下からバカにされるリーダーが少なくない。厳しい言い方をすれば、こういう人は、はじめからリーダーの地位につくべきではなかったのである。まかり間違ってリーダーの地位を汚すことになったら、速やかにその地位を去るべきであろう。そのほうが本人のためでもあるし、組織のためでもあることは言うまでもない。

また、部下から恐れられているリーダーは、そのレベルに満足しないで、せめて敬愛されるレベルを目指してほしいものである。

## 二、正は邪となり善は悪となる

その政閔閔《せいびんびん》たれば、その民《たみ》は屯屯《とんとん》たり。その政察察《せいさつさつ》たれば、その民《たみ》は欠欠《けつけつ》たり。禍《わざわい》は福《ふく》の倚《よ》る所《ところ》、福《ふく》は禍《わざわい》の伏《ふ》す所《ところ》なり。孰《たれ》かその極《きょく》を知《し》らんや。それ正《せい》なし。正《せい》は復奇《またき》となり、善《ぜん》は復妖《またよう》となる。人《ひと》の迷《まよ》える、その日《ひ》固《まこと》に久《ひさ》し。是《ここ》を以《も》って聖人《せいじん》は、方《ほう》にして割《さ》かず、廉《れん》にして刺《さ》さず、直《ちょく》にして紲《の》びず、光《ひか》りて耀《かがや》かず。

▼其政閔閔、其民屯屯。其政察察、其民欠欠。禍、福之所倚、福、禍之所伏。孰知其極。其無正也。正復為奇、善復為妖。人之迷也、其日固久矣。是以聖人、方而不割、廉而不刺、直而不紲、光而不耀。（第五十八章）

**無為の政治を行なえば、人民はなんの気兼ねもなくのんびり暮らすことができる。**

逆に、苛酷な政治を行なえば、裏をかいてずる賢く立ち回るようになる。

禍《わざわい》には福が寄りそい、福には禍が潜んでいる。だが、誰もそれを見極めることができない。

正がいつも正であるとは限らず、正は邪となり、善は悪となる。だが、この真理が見失われてからすでに久しい。

「道」を体得した人物は、方正であっても人を裁断しない。清廉であっても人を批判しない。真っ直ぐであっても曲げて人に従う。明知であっても人に誇らない。

## ◉白黒をはっきりさせない

真面目で几帳面な人は、白か黒か、正か邪か、はっきりさせたがる。白でもないし黒でもないという曖昧《あいまい》な状態には耐えられないのである。よく「玉虫色の解決」などといわれるが、こういう決着にいちばん異を唱えるのが、このタイプの人なのかもしれない。

これはこれで立派な生き方なのだが、しいて難点をあげれば、人間としてやや幅が狭いとは言えるだろう。それに細部の違いにこだわって、大局を見失う恐れがある。

これとは逆に、違いをはっきりさせることを好まないというのか、曖昧さをあまり気にしない人もいる。これは将来に対して含みとか余地を残すうえではいいのだが、半面、「いい加減だ」という非難を浴びる恐れがないでもない。

一般的に言って、日本人には前者のタイプ、中国人には後者のタイプが多いように思われる。どちらが正しいということではないが、根が真面目な私としては、後者のほうに捨てがたい魅力を感じている。

『老子』はどうなのかと言えば、当然のことながら曖昧派に属しているのだが、その理由はこうである。

『老子』の拠り所としている「道」の立場から見ると、この世の中の価値はすべて相対的なものにすぎない。仮に今、正や清であっても、それがいつ悪や濁に変わるかわからない。当然、逆もまた成り立つのであって、この世の中に不変のものはありえない。だとすれば、そんな相対的なものにはとらわれないで、正も悪も、清も濁も包み込んで生きていくのが「道」に則《のっと》った生き方なのだと言う。

『老子』は、「道」を体得すれば、おのずからそういう生き方になるのだとして、ここでは、具体的に四つの特徴をあげている。

一、自分は正しくても人を裁断しない
一、自分は清廉でも人を批判しない
一、自分はまっすぐでも曲げて人に従う
一、自分は明知であっても人に誇らない

なんとも大らかな人柄が思われるではないか。これもまた「道」を体得した人物の魅力なのである。

## ●人がついてくるリーダーの条件

こういう懐の深いリーダー像を思い描いているのは、むろん『老子』だけではない。二つほど例をあげてみよう。

まず『書経』から——。

「直《ちょく》にして温《おん》、寛《かん》にして栗《りつ》、剛《ごう》にして虐《そこな》うなく、簡《かん》にして傲《おご》るなかれ」

筋を通しながら思いやりにあふれ、寛容でありながらそのなかに厳しさがあり、強い意志を貫きながら押しつけることがなく、威厳がありながら驕らない。

古代の聖天子舜の語ったことばだという。

次は『菜根譚』から――。

「清《せい》にして能《よ》く容《い》るるあり、仁《じん》にして能《よ》く断《だん》を善《よ》くす。明《めい》にして察《さつ》に傷《やぶ》れず、直《ちょく》にして矯《きょう》に過《す》ぎず。これを蜜餞甜《みつせんあま》からず、海味鹹《かいみから》からずと謂《い》う。わずかにこれ懿徳《いとく》なり」

清廉であってしかも包容力もある。思いやりがあってしかも決断力にも富んでいる。洞察力があってしかもアラさがしはしない。純粋であってしかも過激に走らない。こういう人物こそ、蜜を使っても甘すぎず、塩を使っても辛すぎないと言い、理想のあり方に近いのではないか。

この二つのコメントは直接にはバランスの大切なことを指摘しているのであるが、そこから感じとられるのは懐の深さであり、清濁併せ呑む度量の広さである。たしかに、上に立つ者が、あれはダメ、これは嫌いなどと目くじらを立てて人をとがめていたのでは、周りに人が集まってこなくなる。これではリーダー失格と言わざるを得ない。

ただし、懐の深さといい、度量の広さといっても、それだけになったのでは、野放図になり、締まりがなくなって、収拾がつかなくなる。それを避けるためには、みずからにしっかりした価値観がなければならない。『老子』の場合、それにあたるのが、「道」である。みずからはしっかりと「道」に立脚しているから、甘んじて寛容にもなれるのである。

私どもの場合、「道」は無理だと言うなら、せめて自分なりの見識を持ったうえで、寛容を心がけたい。そうすれば、『老子』のレベルに近づくことができるであろう。

## 三、大国を治むるは小鮮《しょうせん》を烹《に》るが若《ごと》し

大国《たいこく》を治《おさ》むるは小鮮《しょうせん》を烹《に》るが若《ごと》し。道《みち》を以《も》って天下《てんか》に莅《のぞ》めば、その鬼《き》、神《しん》ならず。その鬼《き》、神《しん》ならざるに非《あら》ず、その神《しん》、人《ひと》を傷《やぶ》らず。その神《しん》、人《ひと》を傷《やぶ》らざるに非《あら》ず、聖人《せいじん》もまた人《ひと》を傷《やぶ》らず。それ両《ふた》つながら相傷《あいやぶ》らず、故《ゆえ》に徳交《とくこもごも》帰《き》す。

▼治大国若烹小鮮。以道莅天下、其鬼不神。非其鬼不神也、其神不傷人也。非其神不傷人也、聖人亦弗傷人也。夫両不相傷、故徳交帰焉。（第六十章）

国を治めるのは小魚を煮るようなもの、やたら掻《か》き回してはならない。無為の「道」をもって天下を治めれば、鬼神も祟《たた》りを起こさなくなる。いや、祟

**りを起こさないわけではない。祟りを起こしても、人に害を与えなくなるのだ。鬼神が害を与えなくなるだけではない。為政者も害を与えなくなる。鬼神も為政者も害を与えない。その結果、両者の徳が政治に反映されるのだ。**

## ◉「苛政《かせい》は虎《とら》よりも猛《たけ》し」

『老子』の政治哲学をずばり語っているのが、「大国を治むるは小鮮《しょうせん》を烹《に》るが若《ごと》し」ということばである。

「小鮮」とは小魚のこと。小魚を煮るとき、やたら突ついたり、掻き回したりすると、形も崩れるし、味も落ちてしまう。そろりそろりと煮るのがコツなのだという。国の政治もそれと同じこと。細かな所までうるさく干渉すれば、下からの活力を殺してしまい、はては無用な反発さえ招きかねない。肝心な所だけ押さえておいて、あとは民間の活力に任せたほうがうまくいくのだという。

近年の日本の政治を見ていると、このことばが思い出されてならない。

法による規制、行政による指導などなど、締めつけや統制によってがんじがらめにされてきた。社会全体に勢いのあったときはそれでもよかったが、勢いがなくなるにつれて、この過剰な規制が凋落《ちょうらく》に拍車をかけている。

規制など全部はずしてしまえとは言わないが、いまや必要でなくなったり、かえって足枷になったりしているものがたくさんあるのではないか。そんなものは早めにとりはずして、民間の競争原理に任せたほうがよいのかもしれない。

煩雑な規制と言えば、今の税制など最たるものであろう。手直しに手直しを繰り返してその道の専門家でもよくわからないものになっている。しかも杜撰《ずさん》な使い方に比べて、納める側の重税感は依然として強い。これでは脱税や逃税に走る者が後を絶たないのも当然であろう。

税金については、『礼記《らいき》』という古典に、「苛政《かせい》は虎《とら》よりも猛《たけ》し」という有名なことばがある。孔子が弟子たちと一緒に泰山《たいざん》の近くを通りかかったときのことだと言う。一人の女性が墓の側でさめざめと泣きくずれていた。孔子は子路《しろ》という弟子をやって理由をたずねさせた。

「なんとも悲しげな声で泣いているが、わけでもあるのか」

「はい、昔、舅《しゅうと》が虎に食われ、ついで夫が食われ、いままた息子まで食われてしまいました」

「どうしてこんな土地から逃げ出さなかったのか」

「ここに住んでいるかぎり、厳しい税金の取り立てがございませんから」

孔子はこれを聞いて、弟子たちに語った。

「おまえたち、よくおぼえておくがよい、『苛政は虎よりも猛し』ということを」

税金の重い国からは、人も金も逃げ出していくのだという。これは現代でも同じであろう。日本の場合は、重いことに加えて、重箱の隅をほじくるような取り立てまで行なわれている。これでは、民間の活力はますます衰えていくかもしれない。

## ◉酒ばかり飲んでいた名宰相

では、実際に「小鮮を烹るが若し」を実行した政治家がいたのだろうか。

先に、その一人として漢の曹参《そうしん》という人物を紹介した（一八七ページ）。その後かれは、実績を買われて中央に呼びもどされ、宰相として漢帝国の舵取りにあたることになった。

そのさいかれは、実績をあげたいばかりに厳しく法を執行するような人間は容赦なくクビを切った。そして、代わりに寡黙で重厚な人物を登用し、仮に過失があっても、いっさいとがめだてしなかった。ために宰相官邸はいつも和気藹々《わきあいあい》としていたという。

執務ぶりはどうだったのかと言えば、夜となく昼となく酒ばかり飲んで、政務には
まるで身を入れる様子がなかったらしい。さすがに見かねて意見をしにやってくる者
がいると、

「まあ、まあ、そなたも一杯どうだ」

と酒をすすめる。

相手は仕方なく酒の相手をしながら、頃合いを見て、

「ところで」

と居住まいを正すと、すかさず、

「まあま、もう一杯」

と、切り出す余裕を与えない。

結局、相手はいつしか意見のことなど忘れてしまい、ほろ酔い機嫌で帰っていくの
が常だったという。

不真面目としか言いようのない執務態度だが、どうやらかれの実践したのは、
一、積極的に政策を展開しない

一、上からの干渉や介入を避ける
一、民間の活力に期待する

こんな政治であったらしい。こういう政治手法がいつの時代でも通用するとは限らないが、少なくともかれの時代はこれで国もよく治まり、時の人々から名宰相と称されている。

# 四、謙虚だから支持される

江海《こうかい》の能《よ》く百谷《ひゃっこく》の王《おう》たる所以《ゆえん》は、その善《よ》くこれに下《くだ》るを以《も》ってなり。是《ここ》を以《も》って能《よ》く百谷《ひゃっこく》の王《おう》となる。是《ここ》を以《も》って聖人《せいじん》の民《たみ》に上《うえ》たらんと欲《ほっ》するや、必《かなら》ずその言《げん》を以《も》ってこれに下《くだ》る。その民《たみ》に先《さき》んぜんと欲《ほっ》するや、必《かなら》ずその身《み》を以《も》ってこれに後《おく》る。故《ゆえ》に上《うえ》に居《お》れども民《たみ》はこれを重《おも》しとせず、前《まえ》に居《お》れども民《たみ》は害《がい》とせず。天下《てんか》推《お》すことを楽《たの》しみて厭《いと》わず。その争《あらそ》うなきを以《も》ってにあらずや。故《ゆえ》に天下《てんか》能《よ》くこれと争《あらそ》うなし。

▼江海所以能為百谷王者、以其善下之也。是以能為百谷王。是以聖人之欲上民也、必以其言下之。其欲先民也、必以其身后之。故居上而民弗重之、居前而民弗害。天下楽推而弗厭也。不以其無争与。故天下莫能与之争。（第六十六章）

**大河や大海が河川の王者となっているのは、低い所に位置して、もろもろの流れを受け入れているからである。**

**それと同じように、「道」を体得した人物は、国民を統治しようとするとき、謙虚な態度でへりくだる。国民を指導しようとするときには、自分は後ろに退いて、いっこうに指導者ぶらない。**

**だから、上に坐っていても、国民は重いとは感じないし、先に立っていても、邪魔だとは感じない。このように、国民から喜んで迎えられるのは、才能や功績を競おうとしないからだ。だから国民はおのずと帰服するのである。**

### ◉上に立つ者は謙虚であれ

「上に立つ者は謙虚であれ」とは、これまでも『老子』が繰り返し説いてきたところである。

『老子』の主張はすべて「道」から出発している。その「道」というのは、万物を万物として成り立たせている根源の存在であって、「道」がなかったら万物も存在できない。そういう大きな働きをしておりながら、みずからの功績や能力をいささかもひけらかさず、いつもひっそりと静まりかえっている。そのあり方たるや、きわめて謙虚である。私ども人間も、そういう謙虚な処世を心がければ、この生き難い世の中を伸びやかに生きていくことができるのだという。

『老子』はこんな文脈のなかで「謙虚であれ」と説いているのである。

ただし、「謙虚であれ」と説いているのは、必ずしも『老子』の専売特許ではない。他の古典も、とくに「道」とは関連づけてはいないものの、重要な徳の一つとして、この謙虚さをあげている。幾つか紹介してみよう。


まず『論語』から——。

「それ仁者は己立たんと欲して人を立て、己達せんと欲して人を達す。能《よ》く近く譬《たと》えを取る、仁の方《ほう》と謂《い》うべきのみ」

自分が立ちたいと思ったら　まず人を立たせてやる。自分が手に入れたいと思ったら、まず人に得させてやる。このように、身近な所から始めるのが、仁者のやり方なのだ。

孔子の最も重視したのが「仁」という徳であるが、この「仁」を体得した人物というのは、ふだんの行ないも謙虚なのだという。

次は、『中庸』から——。

「上位に在りては下を陵《しの》がず、下位に在りては上を援《ひ》かず、己を正しくして人に求めざれば、則ち怨みなし」

地位が上のときは、下の者を踏みつけにしない。地位が下のときは、ことさら上の者に取り入ろうとしない。自分の姿勢を正しくして、他人の助けを当てにしなければ、人を怨む必要もなくなる。

組織のなかの人間学といったところであるが、上に立つ者には謙虚さが欲しいのだという。

次は、『荘子』から——。

「賢を以って人に臨めば、いまだ人を得る者あらざるなり。賢を以って人に下《くだ》れば、いまだ人を得ざる者あらざるなり」

賢を鼻先にぶらさげて人々に臨めば総スカンを食らい、賢ではあるが謙虚な態度で臨めば、人々の支持を集めることができる。

謙虚であることのメリットを説いているのである。

最後は、『伝習録』から——。

「人生の大病は只《ただ》これ一《いち》の傲《ごう》の字なり。……謙は衆善の基《もと》にして、傲《ごう》は衆悪の魁《さきがけ》なり」

人生における最大の病根は、傲の一字である。謙虚はあらゆる善の基礎であり、傲慢はもろもろの悪の始まりである。

陽明学の始祖・王陽明が弟子たちを戒めたことばだという。

### ◉人を傲慢にさせる二つのケース

このように『老子』はもとより他の古典も、「とくに上に立つ者は謙虚であれ」と説いている。にもかかわらず今でも、部下を踏みつけにしたり、威張りちらしたりしているリーダーが少なくない。

思うに、人間を傲慢にさせるケースには二つある。

一つは、能力や功績に恵まれた人の場合である。

こんな場合、どうしても「おれはできるんだ」、「おれは偉いんだ」という感じを表に出してしまう。これは人情の自然であるから、抑えるのは容易でない。それが周りの反感を買い、反発を招き、それが原因であっけなく自滅していくケースが少なくない。

もう一つは、調子の波に乗っているときである。そんなときも、えてして傲慢の病にかかりやすい。しかし、調子の波はいずれ去っていく。そうなったとき、今度はがっくりと肩を落とす人がいる。あまりにも情《なさ》けないではないか。

そこで望まれるのが、「能力のある人ほど謙虚であれ」、「今、調子の波に乗っている人ほど謙虚であれ」ということだ。それがまた『老子』流の「道」にかなった生き方でもある。

ただし、「過ぎたるは猶《なお》及ばざるがごとし」(『論語』)とあるように、どんな素晴らしい徳でも、過ぎたり、極端になったりすると、欠点が出てくる。

謙虚についても然りであって、これが過ぎると、やたらへいこらして卑屈になってしまう。こうなったのではリーダーとして具合が悪い。そこで望まれるのが、毅然とした態度、姿勢である。説得力のあるリーダーたらんとするなら、「毅然としておりながら、しかも謙虚である」、このレベルを目指してほしい。

## 五、戦いはこちらから仕掛けない

兵《へい》を用《もち》うるに言《げん》ありて曰《いわ》く、吾《われ》敢《あえ》て主《しゅ》とならずして客《きゃく》となる、敢《あえ》て寸《すん》を進《すす》まずして尺《しゃく》を退《しりぞ》く、と。これを行《ゆ》くに行《こう》なく、攘《はら》うに臂《ひじ》なく、執《と》るに兵《へい》なく、扔《つ》くに敵《てき》なしと謂《い》う。禍《わざわい》は敵《てき》を無《な》みするより大《だい》なるはなく、敵《てき》を無《な》みするは吾《わ》が宝《たから》を亡《うしな》うに近《ちか》し。故《ゆえ》に兵《へい》を抗《あ》げて相《あい》若《し》けば、哀《あわ》れむ者《もの》勝《か》たん。

▼用兵有言曰、吾不敢為主而為客、不敢進寸而退尺。是謂行無行、攘無臂、執無兵、扔無敵。禍莫大于無敵、無敵近亡吾宝矣。故抗兵相若、而哀者勝矣。（第六十九章）

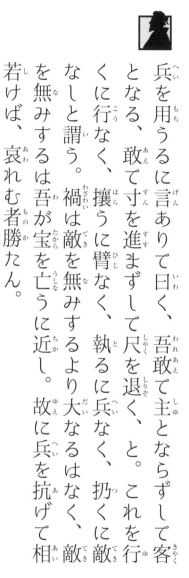

兵法にこうある。

「こちらからは積極的に仕掛けず、相手の仕掛けを待て。進んで戦うよりも、退いて守りを固めよ」

これはつまり、あえて進撃しない、あえて腕をふりあげない、あえて武器を手にしない、あえて攻撃を加えない、ということだ。敵を軽視してしゃにむに攻撃を加えるほど愚かなことはない。そんなことをすれば、たちまち国を破滅させてしまう。

双方の戦力が伯仲しているときは、極力戦いを回避したほうが勝利を収めるのである。

## ◉「戦国乱世」の時代、老子の主張

『老子』の戦争観についてはこれまでもとりあげてきたが（一一一ページ）、この章もそれに関連している。

いったい『老子』は戦争をどう見ていたのか。あらためて要約してみると、

一、軍備は抑止力または防衛力として保有することを妨げない
一、その行使は、万やむを得ない場合に限るべきである
一、こちらから行使することは、極力抑制しなければならない
一、武力の行使よりも、戦わずして勝つことを優先する
一、仮に戦いになっても、早期の終結を目指さなければならない
一、勝っても驕らず、力を誇示してはならない

こうなるかもしれない。総じて戦争には極めて消極的なのである。

なぜだろうか。『老子』は弱者の立場に身を置いている。戦争の惨禍《さんか》を集中して受けるのが弱者であることは、いつの時代でも変わりがない。惨禍を目の当たりにした『老子』は、当然のことながら戦争には反対なのである。しかし、いくら声高に反対を叫んでも、戦争のやむことはない。そこで『老子』は、為政者の理性に訴えて、懸命に歯止めをかけようとするのだ。これが『老子』の立場であった。

戦国乱世の時代においてこういう主張がどの程度有効であったかはわからないが、少なくとも弱者の切なる願いを代弁したものであったことは間違いない。

## ◉戦わずして勝つ

さて、この章ではもっぱら「みだりに事を構えない」ことが強調されている。これは、剣の道にもあてはまるものらしい。

剣をとっては戦国一と謳われた塚原卜伝《ぼくでん》にこんな話がある。

諸国漫遊中のこと、とある渡し場で一人の武芸者と乗り合わせた。腕におぼえがあるらしく、舟の客に向かってしきりに自慢話をし、

「おぬしはどうか」

と卜伝にも水を向けてくる。

「拙者も若いときからいささか修業している」

と答えたところ、

「何流か」

と聞く。面倒なので、

「無手勝流だ。刀を抜くのは未熟な証拠でござる」

とやり返したところ、激怒した相手は、

「なればこの場で決着をつけよう」

と勝負を挑んできた。

「よろしい。ここは舟のなかであるから客の迷惑になる。向こうに島がある。あそこで心ゆくまで勝負をつけよう」

卜伝はそう言って舟を島に向かわせた。

舟が島へ近づくと、武芸者は待ちかねたように太刀を抜き、身をひるがえして島へとんだ。すると卜伝は棹を手にして舟を沖へ押しやり、

「無手勝流とはこれでござる。そこでゆっくりと休息なさるがよい」

と叫んだという。

卜伝のような名人ともなれば、やたらチャンバラには及ばぬものであるらしい。

また、剣に馬庭念流と呼ばれる流派がある。

「修養の剣法」と呼ばれたこの剣の正眼の構えは、別名「無構え」などと称されたように、一見したところ、八方隙だらけであった。太刀を右斜め下に落とし、上半身をぐっと前に傾けて相対したところから、「念流に先制の一撃なし」とも称されたという。

その念流の中興の祖・又七郎定次という名人も、つねづね門弟に向かって、

「決して人と争わず、争いを好まず、事にあたっては難を避けることをまず考えよ」と教えたと言われる。

念流の秘伝書にも、「念流とはこれ処世の道なり」「勝負を仕掛けられても敵をあやめず」などと記されているという。

してみると、この剣法なども、さしずめ『老子』の思想の実践篇と言ってよいかもしれない。

そしてこの思想は、念流の秘伝書がいみじくも語っているように、戦いや剣法だけではなく、処世の極意としても通用することは言うまでもない。「みだりに事を構えない」のは、自分を生かし、人を生かす道でもある。

ただし、「みだりに事を構えない」といっても、なんでも相手の言いなりになれと言うのではない。自分の意見なり方針なりは、確固として持つ必要があることは、これまた言うまでもないであろう。

## 六、兵は不祥の器なり

それ兵《へい》は不祥《ふしょう》の器《うつわ》なり。物或《ものあるい》はこれを悪《にく》む。故《ゆえ》に有道《ゆうどう》の者《もの》は居《お》らず。君子《くんし》は、居《お》れば則《すなわ》ち左《ひだり》を貴《たっと》び、兵《へい》を用《もち》うれば則《すなわ》ち右《みぎ》を貴《たっと》ぶ。故《ゆえ》に兵《へい》は君子《くんし》の器《うつわ》に非《あら》ず。兵《へい》は不祥《ふしょう》の器《うつわ》なり。已《や》むを得《え》ずしてこれを用《もち》う。恬淡《てんたん》を上《じょう》となし、美《び》とすることなかれ。若《も》しこれを美《び》とせば、これ人《ひと》を殺《ころ》すことを楽《たの》しむなり。それ人《ひと》を殺《ころ》すことを楽《たの》しめば、以《も》って志《こころざし》を天下《てんか》に得《う》るべからず。是《ここ》を以《も》って吉事《きつじ》は左《ひだり》を上《たっと》び、喪事《そうじ》は右《みぎ》を上《たっと》ぶ。是《ここ》を以《も》って偏将《へんしょう》軍《ぐん》は左《ひだり》に居《お》り、上将軍《じょうしょうぐん》は右《みぎ》に居《お》る。喪礼《そうれい》を以《も》ってこれに居《お》ることを言《い》うなり。人《ひと》を殺《ころ》すこと衆《おお》ければ、悲哀《ひあい》を以《も》ってこれに莅《のぞ》み、戦《たたか》い勝《か》てば、喪礼《そうれい》を以《も》ってこれに処《お》る。

▼夫兵者不祥之器也。物或悪之。故有道者弗居。君子居則貴左、用兵則貴右。故兵者非君子之器。兵者不祥之器也。不得已而用之。恬淡為上、勿美也。若美之、是楽殺人也。夫楽殺人、不可以得志于天下矣。是以吉事上左、喪事上右。是以偏将軍居左、上将軍居右。言以喪礼居之也。殺人衆、以悲哀莅之、戦勝、以喪礼処之。（第三十一章）

戦争は縁起のよいものではない。誰もが忌《い》み嫌う。だから、道を体得した人物は戦争を好まない。ふだんは左側を上位と見なしている君子が、戦争では右側を上位としているのも、そのためである。

戦争は君子の好むものでもないし、縁起のよいものでもない。やむなく行なうときは、あくまでも無欲に徹し、勝っても賛美しない。戦争を賛美するのは人殺しと同じである。これでは天下に志を得ることはできない。

ふつう吉事では左側を上位とし、凶事では右側を上位とする。ところが軍隊では、

**副将軍が左側に立ち、大将軍は右側に立つ。つまり軍隊は凶事の作法にならっているのだ。**

**多くの人間を殺すことになるのだから、悲しみの気持ちを抱いて戦争に臨み、戦いに勝っても、凶事の作法で死者を悼《いた》むのである。**

## ◉戦争は縁起のよいものではない

『老子』という本がまとめられたのは戦国時代であるが、この時代は文字どおり戦争が絶えなかった。

たしかに、さまざまな思想流派が現われて激しい論戦を展開したり、「説客」とか「遊説の士」と呼ばれる人々が政治の表舞台に飛び出してきて活発な外交交渉を行なうなど、「われこそは」と思う連中にとっては面白い時代でもあった。そのあたりが「槍一筋」といわれた日本の戦国時代とは大いに違うところである。

しかし、反面、国と国とのあいだで、生き残りの戦いが熾烈に戦われたことには変わりがない。中国の場合、戦いの規模も大きかった。大国同士がぶつかるときなど、双方十万単位の軍勢が動員されたといわれる。武器も鉄製となり、「弩《ど》」と呼ばれる速射のきく弓が開発されるなどして、殺傷力が格段に高まった。戦いも長期戦となり、それに伴って国力の消耗も増していった。

『老子』はそんな時代のなかにあって、戦争をどう見ていたのか。一言で言えば、冒頭の「兵は不祥の器なり」という名言に要約されていると言ってよい。戦争は縁起のよいものではないのだという。

『老子』はもともと社会的弱者の立場に身を置いていた。社会的弱者というと、現代ではもっぱら生活困窮者とか障害者とか身寄りのない高齢者などを連想するのだが、この場合はもう少し広く、権力や地位、財産に縁のない人々といったほどの意味である。いつの時代でも、戦争の悲惨さはそういう人々に皺寄《しわよ》せされていく。かれらの立場に立つかぎり、戦争には反対せざるを得ないのである。

しかし、『老子』は、真正面から声高に戦争反対を唱えているわけではない。かれは理想主義者でもないし、柔《やわ》なヒューマニストでもなかった。あくまでも現実を直視し、いくら声高に反対を叫んでも、戦争のやむときがないことをよく心得ていた。戦争とは人類の背負った業《ごう》のようなものだと認識していたらしい。

では、戦争を肯定しているのかと言えば、そうではない。「已《や》むを得ずしてこれを用う」なのである。

このあたりは『孫子』の認識と軌を一にしていると言ってよい。『孫子』はこう言っている。

「百戦百勝は善の善なるものに非《あら》ず。戦わずして人の兵を屈するは善の善なるものなり」

戦わないで勝つためには、当然のことながら政治戦略が優先されなければならない。つまり、外交交渉によって相手の意図を封じ込めてしまう。これが最善なのだという。『孫子』はそういう前提のうえに立って、どうすれば戦いに勝てるのか、どうすれば負けない戦いができるのか、その兵理を追究している。これは兵法書であるから当然のことであろう。

## ◉勝ってもガッツポーズはするな

『老子』はそういう意味での兵法書ではない。だから、「已むを得ずしてこれを用う」というところまでは同じでも、そのあとが違っている。

『老子』の関心は、どう戦うかではなく、もっぱら勝ったあとどうするかに注がれている。それによると、「勝っても賛美しない」「凶事の作法で臨む」のだという。「凶事」とは、葬儀とか追悼式のようなものを連想してもらえばよい。そういう席には、だれしも哀悼の気持をもって臨むはずであるが、『老子』は勝者の側にもそれを求めているのである。

わかりやすい例をあげよう。柔道の試合を見ていると、勝った側がやたらこぶしを突き上げてガッツポーズをとるが、あれは本来の日本柔道が目指したものとは違っているのではないか。見ていて違和感を禁じえない。大相撲にも一時そんな力士が現れかけたが、協会の指導により自制されていると聞く。ことさら力を誇示するようなことはするな、敗者に対するいたわりの心を持て、ということであるに違いない。『老子』の言わんとしているのも、これと同じ思想である。

つまり『老子』は勝者の側に自制を求めているのであるが、これについては少し説明を必要とするかもしれない。

日本の場合、仮に戦って敗れても、大将一人が腹を切ればそれで済んだ。時に残党狩りなどということも行なわれたようだが、末端の兵士まで責任を追及されて皆殺しにされることはめったになかったと言ってよい。淡泊といえば淡泊なのである。

中国の戦争は違う。終わったあと、勝者によるむごたらしい殺戮《さつりく》の行なわれることが多かった。一例をあげれば、あの項羽《こうう》である。降服した秦の兵卒三十万を生き埋めにして殺している。話半分としてもすさまじいではないか。

『老子』はこういう殺戮に自制を求めているのである。この声がどの程度戦争指導者の耳に届いたかはわからない。しかし、当時の民衆の切なる願いを代弁していたということは言えるかもしれない。

## 七、人《ひと》に智慧《ちえ》多《おお》くして、奇物《きぶつ》滋《ますます》起《お》こる

正《せい》を以《も》って邦《くに》を治《おさ》め、奇《き》を以《も》って兵《へい》を用《もち》い、無事《ぶじ》を以《も》って天下《てんか》を取《と》る。吾《われ》何《なに》を以《も》ってその然《しか》るを知《し》るや。それ天下《てんか》に忌諱《きき》多《おお》くして、民《たみ》弥《いよいよ》貧《まず》し。民《たみ》に利器《りき》多《おお》くして、邦家《ほうか》滋《ますます》昏《くら》し。人《ひと》に智慧《ちえ》多《おお》くして、奇物《きぶつ》滋《ますます》起《お》こる。法物《ほうぶつ》滋《ますます》章《あきら》かにして、盗賊《とうぞく》あること多《おお》し。是《ここ》を以《も》って聖人《せいじん》の言《げん》に曰《いわ》く、我《われ》無為《むい》にして民《たみ》自《おのずか》ら化《か》し、我《われ》静《せい》を好《この》みて民《たみ》自《おのずか》ら正《ただ》し、我《われ》無事《ぶじ》にして民《たみ》自《おのずか》ら富《と》み、我《われ》不欲《ふよく》を欲《ほっ》して民《たみ》自《おのずか》ら樸《ぼく》なり、と。

▼以正治邦、以奇用兵、以無事取天下。吾何以知其然也哉。夫天下多忌諱、而民弥貧。民多利器、而邦家滋昏。人多智慧、而奇物滋起。法物滋章、而盗賊多有。是以聖人之言曰、我無為而民自化、我好静而民自正、我無事而民自富、我欲不欲而民自樸。（第五十七章）

国を治めるには正道をもってし、戦いに勝つには奇道をもってする。しかし、天下を治めるには、無為に徹しなければならない。

なぜ無為でなければならないのか。見るがよい。禁令が増えれば増えるほど人民は貧しくなり、技術が進めば進むほど社会は乱れているではないか。人間の知恵が増えれば増えるほど不幸な事件が絶えず、法令が整えば整うほど犯罪者が増えているではないか。

聖人もこう語っている。

「私が無為であれば、人民はおのずから教化される。私が清静を好めば、人民はおのずから正道に返る。私が作為を弄《ろう》さなければ、人民はおのずから富む。私が無欲であれば、人民はおのずから本性に返る」

## ◉「枝葉末節」にこだわると行きづまる

この章も「無為」の効用について語っているのである。

「正を以って国を治む」の「正」とは、正攻法を意味しており、政治の場にあてはめると、徳をもって臨む統治法を指している。これに対し、「奇を以って兵を用う」の「奇」とは、変化技や奇襲戦法のたぐいを意味している。ちなみに、「奇」をもって勝利を収めるとは、『孫子』以下の兵法書がひとしく力説するところでもある。

つまり、政治における「正」、戦いにおける「奇」とは、いわば当時の常識であり、きわめて基本的な対応であった。

これに対し、『老子』の言う「無為」は、「正」や「奇」のレベルを突き抜けていったところにある。レベルが違うのである。

では、なぜ「無為」が理想なのか。この章でも『老子』はお得意の逆説を使っているが、言わんとしていることには十分な説得力があるではないか。

「天下に忌諱多くして、民弥貧し」

「民に利器多くして、邦家滋昏し」

「人に智慧多くして、奇物滋起こる」

「法物滋章かにして、盗賊あること多し」

いずれも名言と言ってよい。これについて、少々できすぎているという気もしないではないが、『武将感状記』という本にこんな話が紹介されている。

小田原・北条氏も末期の四代氏政《うじまさ》の時代のこと、一人の老僧が城下にやってきて、辻に立てられている制札を見ながら、

「ああ、お気の毒に。せっかくの北条氏もおしまいじゃわい」

とつぶやいた。

報告を受けた奉行は、さっそく使いを出して老僧を招き、子細を糾した。

「なにゆえでござろう。制札の箇条がものの道理に反しているとでも」

「いや、いや。いずれももっともな箇条でござる」

「なれば、政道に誤りはないはず。いかなるわけで、北条氏もおしまいだと申されたのか」

老僧は居ずまいを正して答えた。

「さればでござる。愚僧は三十年前にもご城下にまいり申したが、当時、制札の条文

は、わずか五箇条でござった。それが今回来てみれば、三十箇条に余っており申す。それゆえ、失礼ながら北条氏も先が短いと申しあげましたのじゃ」

けげんな顔をしている奉行に、老僧はさらにこう言ってダメを押したという。

「藩主に威光があり、士民一同喜んで服従しているときは、法令の箇条にしても、少ない数でこと足りるものでござる。藩主が聡明でなく、威光も衰えるに及んで、士民のなかにも不心得者が多く現われ、したがって法令の箇条も年ごとに多くなり、複雑とあい成る道理。士民は複雑な法令など喜び申さぬ。士民の心が藩主から離れるは、これすなわち亡国の兆《きざし》でござる。

制札の箇条がものの道理に反しておるかどうかなどは枝葉末節のこと。そんな小さなことではなく、われを戒め、みずからを省みて、政治の根本をご洞察なさることが肝心でござろう」

ちなみに北条氏はこの氏政の子の代に滅び、五代、百年にわたった治世に終止符を打っている。

## ◉現代政治に通ずる老子の精神

老僧の指摘は、現代でもあてはまることは言うまでもない。

国でも企業でも、あれをしてはならん、これをしてはならんと、規制やしばりを強化すると、下からの活力を殺してしまう。また、法を厳しくして締め付けをはかれば、抜け穴をくぐろうと立ち回る者が後を絶たなくなる。

これは、今も昔も変わりがない。

近年、各界において規制緩和ということがやかましく叫ばれてきた。しかし、その割に実効はあがっていないし、それどころか、無用な混乱すら引き起こしている。

規制緩和の方向はいいのである。混乱を少なくして実効をあげるためには、拙速を避けて、一歩一歩着実に進める必要があるのかもしれない。

ただし、国や政府の指導力は必要ないのかといえば、そうではない。肝心なところはしっかりと握り、押さえるところはしっかりと押さえるのである。そのうえでの規制緩和であると心得たい。そうでないと、いたずらに無用な混乱を増すばかりであろう。これが『老子』流の「無為」の政治に近づく道なのである。

本書は、２００２年10月に発行された
『老子の人間学』（プレジデント社）を
加筆、再構成したものです。

## 守屋 洋（もりや・ひろし）

著述家、中国文学者。

昭和７年、宮城県生まれ。東京都立大学大学院中国文学科修士課程修了。中国古典に精通する第一人者として、著述・講演などで活躍。研究のための学問ではなく、現代社会の中で中国古典の知恵がどう生かされているのかを語り、難解になりがちな中国古典を平易な語り口でわかりやすく説く。SBI 大学院で経営者・リーダー向けに中国古典の講義を続けるなど、広く支持されている。『〈新訳〉菜根譚』『新釈 韓非子』『中国古典一日一言』（PHP 研究所）、『孫子の兵法』『中国古典「一日一話」』（三笠書房）、『孫子に学ぶ 12 章』（角川マガジンズ）、『「貞観政要」のリーダー学』（プレジデント社）など著書多数。

# 世界最高の人生哲学 老子

2016年6月29日　初版第１刷発行

| | |
|---|---|
| 著者 | 守屋 洋 |
| 発行者 | 小川 淳 |
| 発行所 | ＳＢクリエイティブ株式会社<br>〒106-0032　東京都港区六本木2-4-5<br>電話　03-5549-1201（営業部） |
| 装丁デザイン | 水戸部 功 |
| 本文デザイン | 新田由紀子（ムーブ） |
| DTP | 明昌堂 |
| 校正 | 鷗来堂 |
| 編集担当 | 坂口惣一 |
| 印刷・製本 | 中央精版印刷株式会社 |


ISBN 978-4-7973-8758-2